Oliver König/Karl Schattenhofer

Einführung in die Gruppendynamik

Zweite, aktualisierte Auflage, 2007

Über alle Rechte der deutschen Ausgabe verfügt Carl-Auer-Systeme
Verlag und Verlagsbuchhandlung GmbH Heidelberg
Fotomechanische Wiedergabe nur mit Genehmigung des Verlages
Satz: Verlagsservice Hegele, Dossenheim
Umschlaggestaltung: Goebel/Riemer
Printed in Germany
Druck und Bindung: Freiburger Graphische Betriebe,www.fgb.de

Zweite, aktualisierte Auflage, 2007
ISBN: 978-3-89670-609-6

© 2007, 2006 Carl-Auer-Systeme, Heidelberg

Bibliografische Information Der Deutschen Nationalbibliothek
Die Deutsche Nationalbibliothek verzeichnet diese Publikation in der
Deutschen Nationalbibliografie; detaillierte bibliografische Daten
sind im Internet über http://dnb.ddb.de abrufbar.

Informationen zu unserem gesamten Programm, unseren Autoren
und zum Verlag finden sie unter: **www.carl-auer.de**.

Wenn Sie unseren Newsletter zu aktuellen Neuerscheinungen
und anderen Neuigkeiten abonnieren möchten, schicken Sie
einfach eine leere E-Mail an: **carl-auer-info-on@carl-auer.de**.

Carl-Auer Verlag
Häusserstraße 14
69115 Heidelberg
Tel. 0 62 21-64 38 0
Fax 0 62 21-64 38 22
E-Mail: info@carl-auer.de

Inhalt

1. Vorwort ... 9
1.1 Der soziale Ort Gruppe und seine Veränderungen ... 9
1.2 Die „Entdeckung" der Gruppendynamik ... 10
1.3 Zu diesem Buch ... 13

2. Was ist eine Gruppe? ... 15
2.1 Definitionselemente einer Gruppe ... 15
2.2 Nicht alles ist eine Gruppe –
Abgrenzung zu verwandten sozialen Formen ... 16
2.3 Das Team als Sonderform der Gruppe ... 18
2.4 Die Gruppe als soziales System ... 19

**3. Zwei Sichtweisen in Bezug auf Gruppen:
Der vertikale und der horizontale Schnitt ... 23**
3.1 Der vertikale Schnitt:
Die äußere und die innere Umwelt ... 23
3.2 Der horizontale Schnitt:
Das Sichtbare und das Verborgene ... 26
    3.2.1 Das Eisbergmodell ... 26
    3.2.2 Die Sachebene ... 28
    3.2.3 Die soziodynamische Ebene ... 29
    3.2.4 Die psychodynamische Ebene ... 30
    3.2.5 Der Kernkonflikt einer Gruppe ... 32

4. Der gruppendynamische Raum ... 34
4.1 Drinnen/draußen: Dimension Zugehörigkeit ... 35
4.2 Oben/unten: Dimension Macht und Einfluss ... 37
4.3 Nah/fern: Dimension Intimität ... 38
4.4 Die Aktualisierung lebensgeschichtlicher
Erfahrungen im Gruppenprozess ... 40

5. Normen und Rollen in Gruppen ... 43
5.1 Normenbildung in Gruppen ... 44
5.2 Rollendifferenzierung in Gruppen ... 47
5.3 Das Modell von Raoul Schindler ... 51

6. Was ist ein Gruppenprozess? ... 54
6.1 Wie kann man Entwicklungen wahrnehmen? ... 54
6.2 Die Entwicklung von Integration und Differenzierung ... 56
6.3 Phasen der Gruppenentwicklung ... 60

7. Gruppendynamische Arbeitsformen und -designs ... 64
7.1 Das gruppendynamische Training als Lernort ... 64
7.2 Wie funktioniert ein gruppendynamisches Design? ... 67
7.3 Die Abenteuer der Trainingsgruppe ... 68
7.4 Warum große Gruppen Angst machen und wie man damit umgehen kann ... 70
7.5 Erkundungen im Labyrinth – Das Organisationslaboratorium ... 72
7.6 Über Sinn und Unsinn von gruppendynamischen Übungen ... 74

8. Gruppendynamische Arbeitsprinzipien ... 77
8.1 Niedrigstrukturierung und initiale Verunsicherung ... 78
8.2 Das Hier-und-Jetzt-Prinzip ... 80
8.3 Struktur und Prozess ... 81
8.4 Feedback zur Selbst- und Fremdwahrnehmung ... 83
8.5 Feedbackregeln ... 87

9. Die Rolle des Trainers und der Trainerin: Begleiten, Führen, Steuern ... 89
9.1 Vor dem Anfang hat es schon angefangen – Kontextsteuerung und Prozesssteuerung ... 90
9.2 Sich raushalten und einmischen – Abstinenz und Auseinandersetzung ... 91
9.3 Zur Selbsterforschung einladen – Forschende Einstellung und Reflexivität ... 92

9.4	Standpunkte ohne Wertungen – Neutralität und Allparteilichkeit ... 93	
9.5	Streiten verbindet – Kooperation und Widerstand ... 94	
9.6	Ruhe und Bewegung schaffen – Steuerung und Gegensteuerung ... 96	
9.7	Handwerk und Haltung – das gruppendynamische Verständnis von Intervention ... 97	
9.8	Die gute und die schlechte Hilfe – Ressourcenorientierung und Problemorientierung ... 101	

10. Soziale Kompetenzen für die Arbeit in Gruppen ... 103

10.1 Sich selbst und andere wahrnehmen – Wahrnehmung und Übertragung ... 103
10.2 Sich trauen und mitteilen – Spontaneität und Ausdrucksfähigkeit ... 105
10.3 Seine eigene Vielfalt entdecken und entwickeln – Rollenflexibilität ... 106
10.4 Konflikten und Emotionen standhalten – Emotionale Stabilität und Belastbarkeit ... 107

11. Gruppendynamische Anwendungsformate und -felder ... 109

11.1 Gruppendynamische Fortbildungen ... 109
11.2 Themenspezifische Trainings ... 110
11.3 Gruppensupervision und kollegiale Beratung ... 110
11.4 Teamsupervision, Teamentwicklung und Teamtraining ... 111
11.5 Organisationsentwicklung und Organisationsberatung ... 113
11.6 Gruppenpsychotherapie ... 115
11.7 Gruppenpädagogik ... 116

12. Fachverbände, Ausbildungen, Adressen ... 118

Literatur ... 120
Über die Autoren ... 124

1. Vorwort

1.1 Der soziale Ort Gruppe und seine Veränderungen

Wie selbstverständlich verbringen wir fast unser ganzes Leben als Mitglieder von Gruppen. Wir wachsen in einer Gruppe auf, der Familie. Wir lernen, spielen, arbeiten, vergnügen uns in Gruppen, sei es in Freundeskreis, Clique, Mannschaft, Schulklasse, Verein, Team, Arbeitsgruppe, Projektgruppe usw. Wir haben dort die verschiedensten Rollen und Positionen inne. Wir sind Redende und Zuhörende, Vorantreibende und Verlangsamende, Anführer und Gefolgsleute, Unterstützer und Kritiker. So selbstverständlich bewegen wir uns in diesen Zusammenhängen, dass wir die stattfindende Gruppendynamik – das Kräftespiel und die Veränderungen, die zwischen den Beteiligten ablaufen – in aller Regel nicht bewusst wahrnehmen. So fällt uns ja auch die Luft zum Atmen erst dann auf, wenn Mangel herrscht, es besonders gut oder schlecht riecht, kurz, wenn das Selbstverständliche auf einmal nicht mehr selbstverständlich ist.

Gruppe ist eine Grundform des sozialen Lebens. Zugleich sind die realen Gruppen unseres Alltages in starkem Maße von den sozialen Veränderungen der letzten Jahrzehnte erfasst. Von den Sozialwissenschaften wird diese Entwicklung als Enttraditionalisierung, Individualisierung und Pluralisierung von Lebenslagen beschrieben. Der Platz im Leben wird zunehmend weniger durch Herkunft und Tradition zugewiesen. Zugehörigkeiten sind nur mehr solche auf Zeit, und zum Zeitpunkt ihres Entstehens ist ihr Ende häufig schon in Sicht. Den Einzelnen wird mehr Flexibilität abgefordert, damit sie sich wechselnde soziale Orte suchen und schaffen können, an denen sie für eine Weile Halt machen und sich einbinden können. Dies bringt sowohl neue Freiheiten als auch neue Gestaltungszwänge mit sich, die individuell bewältigt werden müssen und die Fähigkeit abfordern, sich in immer neuen sozialen Gruppen zurechtzufinden (Edding u. Kraus 2006).

Als Folge davon werden die Regeln, die in den verschiedenen sozialen Gruppen gelten, denen wir angehören, ebenfalls flexibler und situationsabhängiger. Es reicht nicht mehr, sich mit dem offiziell verkündeten Zweck und den Zielen einer Gruppe zu identifizieren und an die vermeintlich geltenden Normen anzupassen, um ein „gutes Gruppenmitglied" zu sein. Vielmehr wird es erforderlich, die Gruppe und ihre Dynamik wahrnehmen und verstehen zu lernen, um sie mitgestalten zu können.

Dies gilt in besonderem Maße für die Gruppen unseres beruflichen Lebens. Mit dem Wandel von einer Industrie- zu einer Dienstleistungs- und Wissensgesellschaft rücken für immer mehr Menschen ihre kommunikativen Kompetenzen ins Zentrum ihrer beruflichen Tätigkeit. Die Notwendigkeit der Kooperation in Teams und Projektgruppen wird zur Alltagsrealität, und damit nehmen die Möglichkeit *und* der Zwang zu, sich selbst und die Gruppen, denen man angehört, mitzusteuern.

1.2 Die „Entdeckung" der Gruppendynamik

Parallel zu diesen gesellschaftlichen Entwicklungen und mit diesen verflochten entstanden in Wissenschaft und Praxis seit den 30er-Jahren des 20. Jahrhunderts vielfältige neue Ideen zu dem sozialen Ort Gruppe. Eine hervorragende Rolle spielte hierbei Kurt Lewin (1890–1947), der noch in Deutschland seine ersten Ideen entwickelte, mit denen er nach seiner Emigration in die USA die amerikanische Sozialpsychologie maßgeblich beeinflusste. Sein wissenschaftliches und praktisches Interesse standen unter dem Eindruck der totalitären Katastrophen seiner Zeit, vor allem des Nationalsozialismus. Dies gab den in seinem Umkreis entstehenden und von ihm beeinflussten Forschungen einen eminent politischen Charakter. Ein zentrales Leitmotiv seiner Forschungen war es, Demokratisierungsprozesse zu befördern, und die verschiedenen Gruppen des sozialen Lebens waren die Orte, an denen dies alltagspraktisch umgesetzt werden sollte (Lewin 1975, 1982).

Eine besondere Rolle spielte in dieser Entwicklung die Kleingruppenforschung (Schäfers 1999; Schneider 1985; Sader 2002; Ardelt-Gattinger et al. 1998), d. h. die Erforschung von Inter-

1.2 Die „Entdeckung" der Gruppendynamik

aktionen in Gruppen, der Umgang mit Macht, Autorität und Führung, mit Außenseiterrollen, mit sozialer Kontrolle und Konformität. Innerhalb seiner Forschungsbemühungen entwickelten Lewin und seine Mitarbeiter eine Verhaltenstheorie der Führung und unterschieden zwischen einem „autokratischen" Führungsstil, der auf Befehlen, Lob und Tadel beruht, einem „demokratischen" Führungsstil, der auf Aushandeln und Überzeugen beruht, und einem „Laissez-faire"-Stil, der die Geführten weitgehend sich selbst überlässt. Lewins Feldtheorie gilt zudem als eine der frühen Quellen systemtheoretischer Modellbildung.

In einem der Forschungsprojekte Lewins wurde gleichsam per „Zufall" die Gruppendynamik als praktisches Verfahren „erfunden" bzw. „entdeckt" (zur Geschichte der Gruppendynamik vgl. Rechtien 1999; König 2007b, bes. S. 17 ff.). 1946 veranstaltete Lewin zusammen mit einigen seiner Schüler ein Seminar am Massachusetts Institute of Technology (MIT), in dem Führungskräfte aus unterschiedlichen Bereichen (LehrerInnen[1], SozialarbeiterInnen, Geschäftsleute, GewerkschaftlerInnen) Einblicke in ihre Verhaltensweisen und Werthaltungen bekommen sollten. In mehreren Gruppen von ca. zehn Mitgliedern wurde dabei in Form von Diskussionen, Analysen und Rollenspielen an den Problemen der TeilnehmerInnen gearbeitet. Jemand beobachtete und protokollierte das Geschehen. An den Abenden trafen sich die LeiterInnen dieser Gruppen und die Beobachtenden mit Lewin, um die Beobachtungen in diesen Gruppen wissenschaftlich auszuwerten. Schon bald erfuhren einige TeilnehmerInnen von diesen abendlichen Sitzungen und fragten, ob sie nicht dabei sein und zuhören könnten. Diese abendlichen Sitzungen sprachen sich schnell herum, sodass bald alle Gruppenmitglieder zu diesen Sitzungen kamen. Auch blieb es nicht lange bei einer stillen Zuhörerschaft, sondern es entstand eine engagierte Diskussion zwischen Teilnehmern, Gruppenleitern und Beobachtern.

---

[1] Wir benutzen im Text weitgehend diese Schreibweise für die männliche und weibliche Form. Wenn es den Text schwer lesbar gemacht hätte, beschränken wir uns auf die männliche Form.

Dies gilt als die Geburtsstunde der gruppendynamischen Trainingsgruppe, kurz T-Gruppe genannt, die Lewin (1975, S. 291) mit den Worten kommentierte:

> „Mich hat die erstaunliche pädagogische Wirkung tief beeindruckt, die diese für den Zweck der wissenschaftlichen Protokollführung bestimmten Auswertungszusammenkünfte auf den Gang der Ausbildung hatten. [...] Diese und ähnliche Erfahrungen haben mich überzeugt, dass wir Handeln, Forschung und Erziehung als ein Dreieck betrachten sollten, das um jeder seiner Ecken willen zusammenzuhalten ist."

Etwa im gleichen Zeitraum formulierte der aus Wien in die USA emigrierte Jakob Moreno (1889–1974) seine Gruppen- und Forschungskonzepte, das Psychodrama und die Soziometrie, die viele Ähnlichkeiten mit den Ideen von Lewin aufwiesen. Beide Quellen liefen zusammen in der Aktionsforschung (Action Research), in der die Triade von Handeln, Forschen und Erziehen zusammengehalten werden sollte. Ebenfalls in diesem Zeitraum wurden im therapeutischen Feld und in Sozialarbeit und Sozialpädagogik erste Erfahrungen damit gemacht, die Psychoanalyse auf die Arbeit mit Gruppen zu übertragen (Majce-Egger 1999, 35 ff.). In die Zeit der 30er- und 40er-Jahre fällt gleichfalls die Entdeckung der Rolle von informellen Gruppen in Industriebetrieben. In einigen berühmt gewordenen Untersuchungen wurde das erste Mal aufgezeigt, wie stark die Produktivität von Betrieben davon abhängt, dass sich die formellen und informellen Beziehungen wechselseitig befördern und nicht behindern. Damit wurden die sozialen Beziehungen am Arbeitsplatz selber als Produktivfaktoren sichtbar. Wissenschaftliche Forschungsinteressen an dem Geschehen in Gruppen, damit verbundene soziale und (sozial)politische Anliegen sowie Fragen der Effizienz und Produktivitätssteigerung waren also in dieser Entwicklung von Anfang an eng miteinander verflochten.

In all diesen Entwicklungen gewinnt der Begriff *Gruppendynamik* daher drei verschiedene Bedeutungen, die gerne miteinander vermischt werden:

1. Er bezeichnet *das Geschehen in Gruppen*, die Dynamik von Veränderung und Kontinuität, mit anderen Worten: das Kräftespiel einer Gruppe.

2. Er bezeichnet *die wissenschaftliche Erforschung* solcher Prozesse in kleinen Gruppen, also Gruppendynamik als eine Disziplin innerhalb der Sozialwissenschaften.
3. Darüber hinaus wird mit Gruppendynamik *ein Verfahren sozialen Lernens* bezeichnet, das bei Erwachsenen soziale Lernprozesse und Verhaltensänderungen anstoßen soll.

1.3 Zu diesem Buch

Dieses Buch zielt vor allem auf die zweite und dritte Ebene. Seit vielen Jahren beschäftigen wir uns als Forscher und Praktiker mit dem Thema Gruppe und Gruppendynamik und bilden Fachleute im Verstehen und Gestalten von Gruppenprozessen aus: ErzieherInnen, PädagogInnen, TherapeutInnen, BeraterInnen, TrainerInnen, SupervisorInnen, StudentInnen verschiedener Fachrichtungen ebenso wie Führungskräfte oder LeiterInnen von Projektgruppen, Teams usw. Die Qualifizierung kann in ganz unterschiedlichen Formen und Zusammenhängen stattfinden: als Teamentwicklung, als Teamsupervision, als Seminar oder Workshop. Für die Fortbildung von einzelnen Fach- und Führungskräften außerhalb von Organisationen bedienen wir uns vor allem der Lernform des gruppendynamischen Trainings, bei der sich die Erfahrung von Gruppenprozessen mit ihrer Reflexion und dem Lernen über Gruppenprozesse verbindet. Die Teilnehmer erleben die Gruppe, nehmen wahr, wie sie die Gruppe beeinflussen und von ihr beeinflusst werden, und reflektieren diesen Prozess gemeinsam. Durch diesen Austausch wird die Vielfalt des Erlebens und der individuellen Perspektiven auf das soziale Geschehen sichtbar, die den Kern der sozialen Dynamik einer Gruppe ausmachen. Zugleich werden dabei die jeweiligen Konzepte und Modelle reflektierbar, die die individuellen Wahrnehmungsmuster prägen. Persönliche und gruppale „blinde Flecken" können erfahren und, auf dieser Erfahrung aufbauend, die Handlungsoptionen erweitert werden.

Das Buch ist für allgemein Interessierte und als begleitende Lektüre für TeilnehmerInnen an gruppendynamischen Fortbildungen gedacht, die ihre Erfahrungen und die damit verbunden Fragen weiterverfolgen wollen. Es enthält einen Teil der Materialien, die wir in unseren Fortbildungen verwenden. Man kann das Buch also

1. Vorwort

abschnittsweise lesen, bezogen auf die Fragen, die einen gerade interessieren, und den eingearbeiteten Querverweisen folgen, oder man verschafft sich mit dem Lesen von vorne bis hinten einen Überblick. Fallvignetten zu Gruppen aus Fortbildung und Beratung sollen das Dargestellte anschaulich machen und einladen, es auf die eigenen Erfahrungen zu übertragen. Den Kapitel 3–10 vorangestellt haben wir typische Fragen von Teilnehmern unserer Veranstaltungen. Da wir den Text nicht mit Literaturhinweisen überfrachten wollten, verweisen wir interessierte LeserInnnen auf die weiterführenden Literaturverzeichnisse der aufgeführten Titel.

Das Buch gliedert sich in zwei Teile. Die Kapitel 2 bis 6 stellen zentrale Konzepte und Modelle zur Erforschung von Gruppendynamik vor, die darauf abzielen, Gruppenprozesse besser verstehen und gestalten zu können. Die Kapitel 7 bis 10 beschäftigen sich mit Gruppendynamik als Verfahren, d. h. als einer Form sozialen Lernens. Wir konzentrieren uns hierbei weitgehend auf die „klassische" Lernform des gruppendynamischen Trainings, weil sich anhand dessen die Arbeitsprinzipien der Gruppendynamik besonders gut erläutern lassen. Kapitel 11 gibt einen Ausblick auf die Besonderheiten der verschiedenen Anwendungsformate und -felder. Eingegangen sind hier Teile eines gemeinsam mit Jürgen Christen verfassten Textes, dem wir dafür danken wollen. Im Anhang finden sich Informationen zu den relevanten Fachverbänden und zu Weiterbildungsmöglichkeiten.

Um die eigene soziale Kompetenz im Umgang mit Gruppen zu steigern, genügt es allerdings nicht, ein Buch zu lesen. Dazu gehören essenziell Erfahrungen und ihre Reflexion, z. B. durch das Feedback von anderen. Genau das hat die Gruppendynamik als Verfahren sozialen Lernens in Fülle zu bieten.

Den Text gelesen und kritisch kommentiert haben Klaus Antons, Hella Gephard, Thomas Giernalczyk und Tomke König, denen wir für Ihre Anregungen danken.

Oliver König, Köln & Karl Schattenhofer, München
Januar 2006

2. Was ist eine Gruppe?

2.1 Definitionselemente einer Gruppe

Es gibt die vielfältigsten Formen von Gruppen: Familien, Schulgruppen, Sportgruppen, Seminargruppen, betriebliche Gruppen, therapeutische Gruppen, ethnische und religiöse Gruppen. Ist somit jede Ansammlung von Menschen eine Gruppe? Sind fünf Fahrgäste, die in der U-Bahn zusammensitzen, auch eine Gruppe? Oder sind die 200 Menschen, die gegen die Sozialpolitik der Bundesregierung demonstrieren, eine Gruppe? Die Kleingruppenforschung hat einen eher engen Begriff von Gruppe und definiert sie unter formalen Gesichtspunkten. Demnach haben Gruppen

- 3 bis ca. 20 Mitglieder (von Großgruppen spricht man ab ca. 20 Mitgliedern)
- eine gemeinsame Aufgabe oder ein gemeinsames Ziel
- die Möglichkeit der direkten (Face-to-Face)Kommunikation
- eine gewisse zeitliche Dauer, von 3 Stunden (der durchschnittlichen Lebensdauer vieler Gruppen aus der experimentellen Psychologie) bis zu vielen Jahren.

Darüber hinaus entwickeln Gruppen mit der Zeit

- ein Wir-Gefühl der Gruppenzugehörigkeit und des Gruppenzusammenhalts
- ein System gemeinsamer Normen und Werte als Grundlage der Kommunikations- und Interaktionsprozesse
- ein Geflecht aufeinander bezogener sozialer Rollen, die auf das Gruppenziel gerichtet sind.

Um den Begriff Gruppe weiter zu konkretisieren, ist es hilfreich, ihn einigen verwandten Begriffen gegenüberzustellen.

2.2 Nicht alles ist eine Gruppe – Abgrenzung zu verwandten sozialen Formen

Die Teilnehmer einer Demonstration oder anderer Großveranstaltungen, z. B. auch die Zuschauer bei einem Fußballspiel, würde man im engeren Sinne nicht als Gruppe, sondern als *Menge* oder *Masse* bezeichnen. Unter einer Menge versteht man eine Gesamtheit von Personen, die sich ohne Verabredung und daher in der Regel auch ohne intensivere Kommunikation und Interaktion am gleichen Ort aufhalten. Zur Masse wird eine solche Menge, wenn sich die beteiligten Personen im Hinblick auf ein eingegrenztes Ziel zusammenschließen. Die Aufmerksamkeit einer solchen Masse richtet sich nicht aufeinander, sondern auf ein Drittes: im Falle der Demonstration z. B. auf die Redner, beim Fußball auf das Spielgeschehen. Das Miteinander ist ein zeitlich eingegrenztes Ereignis, über die Gelegenheit hinausgehende Gemeinsamkeiten, z. B. als Hartz-IV-Gegner oder als Schalke-Fan, bleiben ideelle Konstrukte. Menschenmassen sind eher Gegenstand der Massen- oder politischen Psychologie. Dennoch können Massen eine eigene Dynamik entwickeln, zu deren Verständnis gruppendynamische Gesichtspunkte hilfreich sind. Einzelne Aspekte werden uns bei der Betrachtung der Großgruppe wiederbegegnen, z. B. die Schwierigkeit, sich dort als Individuum zu erfahren, der Umgang mit Emotionen oder die Besonderheit von Führungsrollen.

Viele der genannten Gruppen sind Teil einer *Institution* oder *Organisation*. Es lohnt sich, diese beiden Begriffe zu unterscheiden. In den Sozialwissenschaften wird mit *Institution* eine kulturell bestimmte und zumeist auch rechtlich abgesicherte Gestalt bezeichnet, in der Grundbedürfnisse des Menschen gewährleistet sind und damit eine Reihe von Erwartungen, Einstellungen und Verhaltensweisen auf Dauer gestellt werden. Dies können kleinere wie auch sehr große und abstrakte Zusammenhänge sein. Z. B. redet man von der Institution der Ehe und der Familie, aber auch von den Institutionen des Rechts, der Wirtschaft, der Erziehung, der sozialen Arbeit usw. Diese schaffen sich bestimmte Formen der *Organisation*, in denen ihre Ziele realisiert werden. Die Institution der Wirtschaft z. B. bringt vielfältige große und kleine Organisation hervor,

2.2 Abgrenzung zu verwandten sozialen Formen

die Institution Erziehung zeigt sich in der Organisationsform unterschiedlicher Schultypen usw.

Organisationen lassen sich als soziale Systeme verstehen mit einem hohen Grad an Formalisierung sowohl der Ziele wie auch der Mittel (Bürokratie, Verwaltung, Industriebetrieb, Militär, Krankenhaus). Das Besondere einer Organisation besteht darin, dass die in ihr platzierten Personen nur ausschnittweise Kontakt miteinander haben und alle Beteiligten im Prinzip austauschbar sind, ohne dass die Organisation als solche dadurch gefährdet ist. Somit sind Organisationen in vieler Hinsicht das Gegenteil von Gruppen, weil in ihnen von persönlichen Beziehungen abgesehen und versucht wird, diese als Einflussfaktoren, z. B. bei Entscheidungen, möglichst auszuschalten. Viele der bisher angesprochenen Gruppen, vor allem die aus dem beruflichen Feld, sind Teil einer Organisation, und die Mitglieder dieser Gruppen sind in ihrem Handeln von diesem Rahmen mitbestimmt. Darüber hinaus sind Organisationen von den in ihnen stattfindenden Intergruppenprozessen geprägt. Zwischen Gruppe und Organisation gibt es also bei aller Gegensätzlichkeit vielfältige Überschneidungen und Wechselwirkungen.

Eine weitere Abgrenzung ist notwendig zum Begriff des *Netzwerkes*. Das Netzwerk spielt sich auf einer Ebene ab, die das Geschehen in einer Gruppe übersteigt und zugleich noch nicht die Ebene der Organisation erreicht. So ist mit dem Begriff des *Netzwerkes* die Vielfalt der sozialen Beziehungen bezeichnet, in die eine Person oder auch eine Gruppe locker und zumeist informell eingebunden ist. Berufliche Seilschaften, Lobbybeziehungen, Informationsnetze, informelle Unterstützungsnetze, all dies wird als Netzwerk bezeichnet. Während im Begriff der Gruppe eine gewisse Dauerhaftigkeit und Verbindlichkeit der (Arbeits-)Beziehungen mitgedacht wird, betont der Begriff des Netzwerkes die Bedeutung von schwachen Beziehungen, die als soziale Ressource zur Verfügung stehen und nach Bedarf aktiviert werden können. Zeitlich befristete (Projekt-)Gruppen können als Manifestierung der latent vorhandenen schwachen, mehrere Knotenpunkte umfassende Netzwerkbeziehungen verstanden werden. Zu untersuchen wäre, ob und in wieweit sich soziale Netze und Gruppen gegenseitig bedingen und/oder ersetzen.

2. Was ist eine Gruppe?

Auf einen größeren Zusammenhang zielt der Begriff der *Gesellschaft*. Als ein zentraler Begriff der Soziologie bezeichnet er im modernen Sinne die strukturierte Gesamtheit der Institutionen, Organisationen und Gruppen und ihre Interdependenzen innerhalb eines bestimmten räumlichen Rahmens. Insofern ist Gesellschaft der Gruppe übergeordnet, was verdeutlicht, dass jede Gruppe Teil eines größeren Ganzen ist. Umgekehrt kann man Gesellschaft auch als ein Netzwerk von Gruppen beschreiben. Unserem Verständnis des Begriffs der Gruppe näher ist der von dem Soziologen Ferdinand Tönnies geprägte Begriff der Gemeinschaft, der in der Soziologie den Gesellschaftsbegriff kontrastiert und das unmittelbare Aufeinanderbezogensein der sozialen Beziehungen betont.

Wir sehen also, dass all diese Begriffe Überschneidungen mit dem Begriff Gruppe aufweisen, aber nicht in diesem aufgehen. So kann das Verständnis von Gruppe und Gruppendynamik zwar etwas zur Analyse dieser Begriffe bzw. sozialen Systeme beitragen, kann diese aber nicht voll erfassen bzw. beschreiben. Dies verweist sowohl auf den Beitrag, den die Gruppendynamik als Forschungsperspektive für die Sozialwissenschaften insgesamt zur Verfügung stellt, wie auf ihre Grenzen.

2.3 Das Team als Sonderform der Gruppe

Nicht jede Gruppe ist ein Team, aber jedes Team eine Gruppe. Der Begriff Team ist eine Sammelbezeichnung für alle arbeits- und aufgabenbezogenen Gruppen, deren Mitglieder kooperieren müssen, um ein gemeinsames Ziel zu erreichen.

Dazu hat das Team einen gewissen Handlungsspielraum, in dem es die Belange, die mit der Aufgabe verbunden sind, selbst planen, entscheiden und ausführen kann. Die Zusammenarbeit erstreckt sich über einen Zeitraum, der es erlaubt, eine arbeitsfähige Gruppe zu entwickeln. Teams sind Gruppen mit einem „Doppelgesicht". Sie sind sowohl ein Arbeitsinstrument zur Erfüllung einer Aufgabe als auch ein soziales System, das eine eigene soziale Dynamik entwickelt und das Verhalten seiner Mitglieder prägt. Ihre Arbeitsfähigkeit erwerben Teams damit, dass sie neben dem Was auch das Wie ihrer Zusammenarbeit steuern können, und zwar vor allem mithilfe der Reflexion auf der Sachebene und der Ebene der (Arbeits-)Beziehungen. Teamarbeit ist somit ein anspruchsvolles Instrument der Zusammenarbeit, und die hohen Anforderungen, die sie stellt, sind den Beteiligten zumindest in den Anfängen der Teamarbeit nicht immer bewusst (Gellert u. Nowak 2007; Heintel 2006; Schattenhofer 1992; Velmerig et al. 2004).

Mit der verstärkten Verbreitung von Teamarbeit bzw. von (teil)autonomen Arbeitsgruppen und Projektgruppen in der Arbeitswelt hat die Gruppe in viele Organisationen Einzug gehalten. Wenn sich auch die ursprünglich damit verknüpften Erwartungen der Versöhnung von Produktivität und Humanisierung der Arbeitswelt in der Teamarbeit nur teilweise erfüllt haben, so wurde mit der Teamarbeit eine Alternative zur hierarchischen Ordnung und funktionalen Ausdifferenzierung von Organisationen eingeführt, erprobt und in vielen Fällen dauerhaft verankert. Die Verbreitung von Teamarbeit – nicht nur im sozialen und kulturellen Sektor, sondern auch in Verwaltung und Wirtschaftsunternehmen (Doppler et al. 2002) – erklärt das in den 1990er Jahren erneut entstandene Interesse an gruppendynamischen Fragen und Trainingsformen.

2.4 Die Gruppe als soziales System

In den 1980er Jahren wurden gruppendynamische Konzepte und Arbeitsweisen ergänzt und erweitert durch systemtheoretische Konzepte, die einen neuen Rahmen dafür boten, gruppendynamische Interventionen zu verstehen und zu planen (vgl. Lindner 1990; Wimmer 1996; Schattenhofer u. Weigand 1998). Eine Gruppe wird demnach als ein autonomes Sozialsystem verstanden, das – wie andere soziale Systeme auch – nicht direkt von außen steuerbar ist. Niemand kann eindeutig vorhersagen, wie ein bestimmter Einfluss von außen wirken und wie eine Gruppe darauf reagieren wird. Jede Intervention hat neben den beabsichtigten immer auch ungewollte Folgen. Die entstehenden Ordnungen in einer Gruppe sind auf die jeweils neu ablaufenden wechselseitigen Abstimmungsprozesse zurückzuführen. Solchen Rückkopplungsprozessen verdanken Gruppen – wie jedes soziale System – ihre Entwicklungsmöglichkeiten und ihr Eigenleben.

Legt man ein solches Systemverständnis zugrunde, so ist die Steuerung von Gruppen vor allem als Selbststeuerung zu konzipieren und somit als Reflexionsprozess der Gruppe in Bezug auf sich selbst. Indem die Beteiligten, die Beobachter und Beobachtete zugleich sind, sich und der Gruppe Feedback geben und ihre Beobachtungen zum Thema machen, wird für sie die spezifische Ordnung ihrer Gruppe erkennbar und damit auch gestaltbar.

Um zu verstehen, was eine Gruppe ausmacht, ist es sinnvoll, das eigene Beobachtungsschema so zu erweitern, dass die Dynamik, das Kräftespiel in der Gruppe, das Eigenleben und Eigenwertige, das eine Gruppe herausbildet, erfasst werden können. Dies erfordert es, eine Beobachterposition einnehmen, die das Geschehen in einer Gruppe nicht in seine Einzelteile zerlegt. „Die Gruppe ist mehr als die Summe ihrer Teile" – so wird die gruppendynamische Perspektive oft gekennzeichnet. Was unter diesem „mehr" verstanden werden kann, wie es zu beobachten, zu benennen und zu handhaben ist, damit setzt sich die Gruppendynamik auseinander. Zwei Beispiele zur Veranschaulichung: Das erste Beispiel stammt aus einer Fallsupervisionsgruppe, in die die geschilderte Situation eingebracht wurde, das zweite aus einer Fortbildungsveranstaltung. Beide Situationen werden in den weiteren Kapiteln wiederholt aufgegriffen sowie durch weitere Fallbeispiele ergänzt werden.

> Frau B. kommt als neue Mitarbeiterin in ein Team von fünf KollegInnen eines kleinen, auf spanische Reiseliteratur spezialisierten Verlags. Der Geschäftsführer und Besitzer ist nur selten anwesend, die Geschäfte führt seine Assistentin, die auch B.s Vorgesetzte ist. Frau B. übernimmt die Aufgabe ihrer Vorgängerin und muss eine Publikation fertig stellen. Dazu braucht sie die Zuarbeit ihrer KollegInnen. Zwei davon sind Spanierinnen, ebenso wie der Besitzer und seine Assistentin. Diese unterstützen sie aber nicht – aus ihrer Sicht –, sondern „lassen sie auflaufen", wobei jede Einzelne sehr freundlich zu ihr ist. Ein Gespräch mit den KollegInnen in Anwesenheit der Assistentin führt zu einer kurzfristigen Verbesserung und dem Versprechen, gut zusammenzuarbeiten. Die KollegInnen sehen von sich aus keine Hindernisse in der Zusammenarbeit, finden aber, dass Frau B. zu wenig auf sie zugeht und um Auskunft bittet.
>
> Schließlich verschlechtert sich die Kooperation wieder, und Frau B. kann ihre Arbeit nicht termingerecht erledigen. Unter der großen Be-

2.4 Die Gruppe als soziales System

lastung und aufgrund der schlechten Zusammenarbeit unterläuft ihr ein für den Verlag kostspieliger Fehler, und sie verlässt daraufhin „im gegenseitigen Einvernehmen" das Unternehmen. Letztlich fühlt sie sich gemobbt und ausgestoßen, wobei ihr immer noch rätselhaft ist, wie ihr das passieren konnte, hatte sie doch noch nie Probleme bei der kollegialen Zusammenarbeit.

Ein weiteres Beispiel: Das Seminar hatte bereits vor zwei Stunden begonnen, die 17 TeilnehmerInnen hatten den Anfang mit einer Kennenlernübung gestaltet, die LeiterInnen hatten das Programm vorgestellt, da stürmt Frau C. in den Raum, sie entschuldigt sich kurz für ihr Zu-Spät-Kommen und fragt dann, was gerade gemacht werde. Als einzelne aus der Gruppe etwas zögerlich antworten, dass man dabei sei, sich kennen zu lernen, schlägt sie kurzerhand eine Übung vor, mit der das Kennenlernen beschleunigt werden könne, schließlich müsse man die Zeit nutzen. Sie bringt das sehr routiniert vor, sodass die anderen TeilnehmerInnen entweder schweigen oder sich dem Vorschlag ohne viel Kommentare anschließen. In der Pause und später bei der Auswertung dieses Seminarabschnittes äußern sich einige der Schweigenden erbost darüber, dass Frau C. hereinplatzt und sofort das Ruder an sich reißt. Das solle sie ja nicht noch einmal machen, ein zweites Mal werde man sich nicht überrumpeln lassen. Ein großer Teil der Gruppe teilt diese Meinung und macht deutlich, dass Frau C. schließlich noch nicht so zur Gruppe gehöre wie die anderen TeilnehmerInnen, die von Anfang an da waren. Frau C. ist sehr verwundert über diese Einschätzung.

Ein auf das Individuum bezogener Blick interpretiert diese Geschehnisse z. B. als Abstoßungsreaktionen gegenüber Menschen mit „unpassenden" oder auffälligen (Charakter-)Eigenschaften. Frau B. passt nicht in dieses Team, die „Chemie" zwischen ihr und den KollegInnen stimmt nicht, und so bleibt ihr schließlich nichts anderes übrig, als wieder zu gehen. Auch Frau C. verhält sich auf eine für die Anfangssituation unpassende Weise und bekommt dafür die Ablehnung der anderen zu spüren. „Ausgrenzung erfolgt auf Grund individueller Besonderheiten", so lautet eine weithin gebräuchliche Erklärung.

Die folgenden Kapitel zeigen, welche anderen Erklärungsmodelle die Gruppendynamik für die geschilderten Prozesse anbietet. In ihnen wird die Feldtheorie Kurt Lewins durch systemtheoreti-

2. Was ist eine Gruppe?

sche Überlegungen erweitert und fortgeführt. Eine Gruppe wird demnach als soziales System verstanden, das durch das Prinzip der Rückbezüglichkeit oder, wie es in der Systemtheorie heißt, durch Selbstreferenzialität charakterisiert ist. Man geht davon aus, dass das System Gruppe – innerhalb bestimmter Grenzen – von seinen Umwelten unabhängig ist und frühere Systemzustände spätere beeinflussen. Das kann man sich an folgendem Beispiel verdeutlichen:

> Auf einem Seminar werden zwei Arbeitsgruppen gebildet, die sich von den Rahmenbedingungen möglichst ähnlich sind: Sie sind gleich groß, haben die gleiche Anzahl von Männern und Frauen mit einer ähnlichen Altersstruktur, und sie bekommen die gleiche Aufgabe: das Treffen einer gemeinsamen Entscheidung.
> Nach Erledigung der Aufgabe trifft man sich wieder gemeinsam, und jede Gruppe stellt ihren Arbeitsprozess vor. Während sich die einzelnen Arbeitsschritte und die besprochenen Themen noch relativ gleichen, so wird deutlich, dass in den drei Stunden zwei deutlich unterscheidbare Gruppen entstanden sind. Die Beteiligten fühlen sich ihrer Gruppe zugehörig und wollen keinesfalls wechseln, und sie sind darüber verwundert, wie unterschiedlich es doch in beiden Gruppen gelaufen ist. Trotz der ähnlichen Ausgangslage haben sich zwei verschiedene Stile entwickelt. Die einen beschreiben sich als zielstrebig, ergebnisorientiert und konkret, die anderen finden sich locker, individuell und kreativ, zwei sehr unterschiedliche Sichtweisen der Gruppen in Bezug auf sich selbst, die aus weitgehend gleichen Ausgangsbedingungen entstanden sind.

3. Zwei Sichtweisen in Bezug auf Gruppen: Der vertikale und der horizontale Schnitt

„Was ist los in der Gruppe? Wie kann man darauf kommen, worum es ‚eigentlich' geht? Welche Wirkungen haben Tabus in der Gruppe?"

3.1 Der vertikale Schnitt: Die äußere und die innere Umwelt

Wenn von der Autonomie, der Eigengesetzlichkeit von Gruppen als spezieller Form eines sozialen Systems die Rede ist, ist damit eine relative und partielle Unabhängigkeit gemeint. Gruppen haben Umwelten, von denen sie sich abheben, von denen sie aber zugleich abhängig bleiben und auf die sie zurückwirken. Um die Analyse der spezifischen Umweltbedingungen einer Gruppe zu ermöglichen und aussagekräftiger zu machen, ist es sinnvoll, zwischen der äußeren und inneren Umwelt einer Gruppe zu unterscheiden (Neidhardt 1983, 12 ff.).

> Die äußere Umwelt besteht im Fall des Teams im Verlag für spanische Reiseliteratur in den materiellen Rahmenbedingungen wie personellen, technischen, räumlichen Ressourcen, den Besitzverhältnissen, den finanziellen und inhaltlichen Zielvorgaben durch den Geschäftsführer, den rechtlichen Regelungen der Geschäftsform, der formalen Aufgaben- und Verantwortungsverteilung, den Lohnvereinbarungen usw.

Die Aufzählung macht klar, dass viel damit festgelegt ist. D. h., die jeweilige Aufgabe und das Ziel einer Gruppe wirken sich auf ihre innere Ordnung aus. Zur äußeren Umwelt gehört auch der jeweilige Grad an Freiwilligkeit bzw. Zwang, mit dem die Zugehörigkeit zur jeweiligen Gruppe verbunden ist. Bei vielen Gruppen im pädagogischen Bereich wie in Schulklassen, in Qualifizierungsmaßnahmen für Arbeit Suchende oder bei Erziehungsmaßnahmen für jugendliche Straftäter gibt es für die Beteiligten kaum Wahlmöglichkeiten, und die jeweilige Gruppe ist stark vom Zwang zur Teilnahme bestimmt. Aber auch hier wird die innere Ordnung nicht vollkommen durch die äußeren Bedingungen bestimmt, sie ist kein reines Abbild der äußeren Verhältnisse.

Mit der inneren Umwelt einer Gruppe sind alle bewussten und unbewussten Gefühle, Bedürfnisse, Wertvorstellungen, Wahrnehmungen, Verhaltensweisen und Ansichten etc. der einzelnen Mitglieder gemeint. Jede Gruppe kann nur einen Teil davon einbeziehen, ein anderer Teil muss ausgeschlossen werden, da eine Gruppe, in der „alles" möglich ist und die die Einzelnen nicht begrenzt, ihre Orientierungsfunktion verliert. Sie würde sich in der Überlastung mit individuellen Interessen, Erfahrungen und Gefühlen auflösen. Die Mitgliedschaft in jeder Gruppe erfordert eine Anpassungsleistung und damit den Verzicht auf einen (großen) Teil der eigenen Möglichkeiten, die in der Gruppe keinen Platz haben. Die innere Grenzziehung ist keine unverrückbare, und es ist ein spezifisches Ziel gruppendynamischer Interventionen, die Grenze gegenüber der inneren Umwelt zu erweitern und flexibler zu gestalten, um so für die Individuen in der Gruppe einen größeren Spielraum zu schaffen und den Anpassungsdruck zu verringern. Die Spannung zwischen der individuellen Freiheit und dem Zusammenhalt der Gruppe kann aber nicht einseitig zugunsten der Individuen aufgelöst werden, da die Autonomie der Gruppe neben dem Nutzen für die einzelnen Mitglieder immer auch (Anpassungs-)Kosten nach sich zieht.

> Im Beispiel des Verlagsteams hat Frau B. einmal versucht, diese (thematische) Grenze zu erweitern, indem sie das Gespräch mit den KollegInnen und der Vorgesetzten herbeigeführt hat. Dort wurde über die Qualität der Zusammenarbeit und die wechselseitigen Behinderungen gesprochen. Das brachte allerdings nur vorübergehend eine Verbesserung und hat ihr keine dauerhafte Zugehörigkeit ermöglicht.

Bildlich lässt sich das Verhältnis von innerer und äußerer Umwelt folgendermaßen darstellen:

3.1 Der vertikale Schnitt: Die äußere und die innere Umwelt

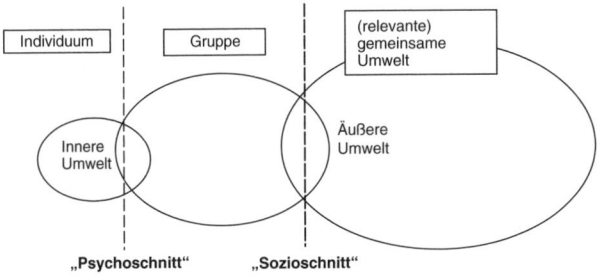

Abb. 1: *Innere und äußere Umwelt*

Die jeweils spezifische Gruppe entsteht in diesem Bild aus der Grenzziehung gegenüber beiden Umwelten und den daraus resultierenden Konflikten und Spannungen, die die Gruppe balancieren muss. Der gruppendynamische Blick zeichnet sich dadurch aus, dass er die Aufmerksamkeit auf die Eigenständigkeit des Systems zwischen beiden Umwelten richtet. Damit unterscheidet er sich vom psychologischen, gruppentherapeutischen Blick, der vor allem auf die innere Grenzziehung schaut und danach fragt, wie die Gruppe von den einzelnen Mitgliedern und wie die Mitglieder von der Gruppe beeinflusst werden. An der „Sozioschnittstelle" beschäftigen sich Sozialwissenschaftler vor allem mit der Frage, wie sich äußere Bedingungen – z. B. Handlungsdruck, fehlende oder vorhandene Mitgliedschaftsalternativen, bestimmte Aufgabentypen – auf das Innenleben einer Gruppe auswirken. Das soziale System Gruppe wird hierbei vorrangig als abhängige Variable untersucht.

Gruppen lassen sich danach unterscheiden, welche Bedeutung die jeweilige innere oder äußere Umwelt für sie hat:

3. Zwei Sichtweisen in Bezug auf Gruppen

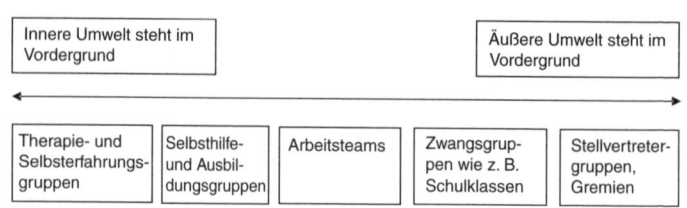

Abb. 2: *Typen von Gruppen*

Ebenso widersprüchlich wie die unterschiedlichen Erwartungen, die die einzelnen Mitglieder in eine Gruppe mitbringen, können auch die Beziehungen einer Gruppe zu ihren äußeren Umwelten sein. Daraus ergeben sich typische strukturelle Konflikte: So hat ein Team in der öffentlichen Verwaltung die Aufgabe, eine möglichst gute Dienstleistung für den einzelnen Bürger zur Verfügung zu stellen, die seinen individuellen Bedürfnissen entspricht, und zugleich für ein transparentes, für alle gleiches Verfahren zu sorgen. In vielen Teams muss zwischen der Wirtschaftlichkeit und der fachlichen Qualität einer Problemlösung abgewogen werden. In Stationsteams in Krankenhäusern treffen mit den Ärzten, den Pflegern und den Verwaltungskräften drei Professionen mit unterschiedlichem Status und unterschiedlichen Werten und Aufträgen aufeinander. Daraus entsteht ein struktureller Konflikt, der dauerhaft bearbeitet werden muss.

3.2 Der horizontale Schnitt: Das Sichtbare und das Verborgene

3.2.1 Das Eisbergmodell

Im Alltag hat man oft den Eindruck, dass es in Gruppen um etwas anderes geht als das, was sichtbar und hörbar ist. Das liegt nicht an der Neigung der Gruppenmitglieder, das für sie wirklich Wichtige zu verheimlichen, sondern an der Dynamik, die sich im Zusammenspiel mehrerer Menschen entwickelt. Um der Frage nachgehen zu können, was eine Gruppe über die Sache hinaus bewegt, wollen wir die Metapher des Eisberges einführen. Bei einem Eisberg schaut ein Siebtel der Fläche über die Wasseroberfläche heraus, sechs Sieb-

3.2 Der horizontale Schnitt: Das Sichtbare und das Verborgene

tel sind darunter verborgen. Die große unsichtbare Masse unter dem Wasserspiegel, das, was latent vorhanden ist, bestimmt das Verhalten der sichtbaren Spitze des Eisberges (vgl. French u. Bell 1994, S. 33).

Überträgt man das Eisbergbild auf die Gruppe, so ergibt sich ein Modell mit verschiedenen Schichten. Das manifeste Geschehen, das sich über der „Wasseroberfläche" zeigt, ist für alle Beteiligten wahrnehmbar und besprechbar. Darunter liegen mehrere Schichten „latenten" Geschehens, das man – je weiter es von der Oberfläche entfernt ist – nur erahnen kann. Darüber gibt es Vermutungen, die aber im „normalen" Gruppenalltag nicht besprochen werden. Der Unterschied zu realen Eisbergen besteht darin, dass die physikalischen Eigenschaften des Eises unter Wasser relativ genau bestimmt werden können. Die Vorstellungen von latenten Schichten einer Gruppe sind hingegen theoriegeleitete Annahmen, auf-

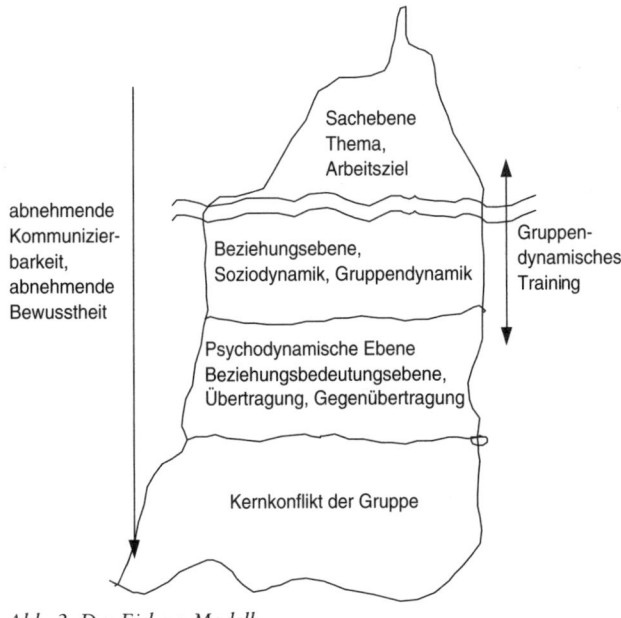

Abb. 3: Das Eisberg-Modell

grund deren Interaktionen interpretiert werden, die auf der Ebene der sachlichen und manifesten Zusammenhänge keinen Sinn ergeben würden. Es wird nicht behauptet, dass es wirklich verborgene Schichten gibt, das Eisbergmodell stellt vielmehr ein Beobachtungsschema zur Verfügung, das sich zum Verständnis von Gruppenprozessen als sinnvoll und hilfreich erwiesen hat.

3.2.2 Die Sachebene

Auf der Arbeits- oder Sachebene einer Gruppe geht es um alles, was die Aufgabe der Gruppe und ihr Arbeitsziel betrifft und was unternommen wird, um diese Aufgabe zu erledigen und das Ziel zu erreichen. Diese Ebene lässt sich gemäß der Logik der jeweiligen Aufgabe beschreiben, denn verschiedene Aufgaben führen zu unterschiedlichen Prozessen auf der manifesten Ebene. Eine Freizeitgruppe, ein Arbeitsteam in der Produktion oder in der Entwicklung, eine Selbsterfahrungs- oder eine Therapiegruppe, eine Bürgerinitiative oder eine Supervisionsgruppe, jede dieser Gruppen wird ihren Arbeitsprozess entsprechend der Aufgabe und entsprechend ihren Möglichkeiten unterschiedlich gestalten.

Das manifeste Geschehen lässt sich unter dem Aspekt der Funktionalität betrachten: Führt das, was die Gruppe tut, zur Erfüllung der Aufgabe und zur Erreichung des Zieles oder nicht? Gemeint ist damit nicht eine objektive Bewertung des Arbeitsprozesses, denn es gibt zumeist mehrere Wege zum Ziel. Wenn jedoch in einer Gruppe Dinge geschehen, die für die Erledigung der Sachaufgabe unsinnig erscheinen, dann ist dies ein erster Hinweis auf die Wirksamkeit der latenten Ebene.

> Warum kooperieren die spanischen KollegInnen nicht mit Frau B., obwohl sie wegen ihrer einschlägigen Fachkenntnisse eingestellt wurde?

> Warum stößt Frau C. mit ihren sachlich passenden Vorschlägen auf Unmut bei den anderen, und warum verweigern diese ihr trotz aller Fachkompetenz die weitere Gefolgschaft?

Das besondere Kennzeichen der manifesten Ebene ist, dass die aufgabenbezogenen Fragen, die hier eine Rolle spielen, im Zentrum der Kommunikation der Gruppe stehen. Die Aufgabe, das Ziel

3.2 Der horizontale Schnitt: Das Sichtbare und das Verborgene

stellt den gemeinsamen Bezugspunkt dar, über den die Beteiligten miteinander ins Gespräch kommen und in Kontakt treten.

3.2.3 Die soziodynamische Ebene

Davon unterscheiden lässt sich die Beziehungsebene oder soziodynamische Ebene bzw. die Ebene des Beziehungsgeflechtes, das immer dann entsteht, wenn Menschen miteinander über einen längeren Zeitraum kommunizieren oder zusammenarbeiten. Sie liegt gleichsam im Bereich der Wasseroberfläche – teilweise sichtbar, teilweise unsichtbar. Das Geschehen auf dieser Ebene lässt sich nur zu einem kleineren Teil aus dem ableiten, worüber gesprochen wird, sondern am ehesten daraus, *wie* gesprochen wird: Wer hört wem zu? Wer reagiert auf wen oder nicht? Wer und was findet Beachtung oder nicht? Welche Vorschläge werden aufgegriffen, welche nicht? Warum können zwei Gruppenmitglieder den gleichen Vorschlag machen, aber nur bei einem von beiden wird er berücksichtigt?

> Frau C. bestimmt das Geschehen auf der Sachebene, indem sie die Anfangssituation – übrigens auf sehr professionelle und effektive Weise – strukturiert. Gleichzeitig gestaltet sie die Beziehungen zu den schon früher Anwesenden auf eine Weise, die diese als rücksichtslos und unsensibel erleben. Daraus wird die Ablehnung verstehbar, die ihr entgegengebracht wird, und die die Wirkung ihrer guten Sachbeiträge (zunächst) überlagert. Wenn der Seminarablauf nicht eine Reflexion der Geschehnisse auf der Beziehungsebene ermöglicht hätte, wären die wechselseitigen Irritationen nicht zur Sprache gekommen und hätten sich eventuell verfestigt. Dann könnten zwar die Vorschläge von Frau C. auf großes Interesse stoßen, ihre Realisierung aber auf hinhaltenden Widerstand z. B. in Form vieler Nachfragen, die eine Umsetzung aus zeitlichen Gründen unmöglich machen würden.

Mit dieser Ebene werden die Vorgänge bezeichnet, die zwar alle Anwesenden beobachten und deren Auswirkungen sie empfinden, die aber in aller Regel nicht ins Gespräch gebracht werden. Am ehesten werden sie noch in Pausen, im informellen Leben der Gruppe unter „Gleichgesinnten" besprochen. Man redet über die Gruppe und über die, die gerade nicht anwesend sind, und schafft sich damit über die Abwesenden einen gemeinsamen Bezugspunkt im Gespräch, vergleichbar der Orientierung an der Sachebene. Hingegen wird es oft als bedrohlich erlebt, die aktuelle Dynamik unter den Beteiligten anzusprechen, vor allem die störenden und möglicherweise dysfunktionalen Aspekte. Sach- und Beziehungsebene bleiben getrennt. In ihrer Zusammenführung liegt zu viel „Zündstoff" verborgen, vor allem dann, wenn das erlebte Beziehungsgeflecht dem Idealbild der Gruppe, wie sie sich selber gerne sieht, widerspricht.

> Dass das Verhalten von Frau C. als empfindliche Störung empfunden wurde, konnte erst aus dem Abstand einer Pause heraus reflektiert werden, und es ist fraglich, ob unter alltäglichen Umständen überhaupt jemand seine Irritation durch das Vorpreschen von Frau C. angesprochen hätte.

Das Tabu, individuelle Verhaltensweisen und ihre Wirkung anzusprechen, ist in Gruppen aller Art ungemein wirksam. Dem außen stehenden Beobachter fällt es oft schwer zu glauben, was Gruppenmitglieder alles ertragen, bevor sie beginnen, ihre Wahrnehmungen und Gefühlsreaktionen dazu auszutauschen. Bestärkt wird das Tabu dadurch, dass es in der alltäglichen Kommunikation als verwirrend erlebt wird, wenn Sach- und Beziehungsebene miteinander verbunden werden und nicht streng getrennten Gesprächsgelegenheiten vorbehalten sind. Der Wechsel zwischen dem Gespräch selbst und dem Gespräch über das Gespräch (Metakommunikation) muss in jeder Gruppe erst geübt werden.

3.2.4 Die psychodynamische Ebene

Im Bild etwas weiter unter der Wasseroberfläche liegt die Ebene der Psychodynamik. Dieses Konzept stammt aus der Psychoanalyse, die Verhalten auf ihre zugrunde liegenden unbewussten Motive hin untersucht. Die Grundannahme ist, dass bei allen Gruppenmitgliedern und in jeder Gruppensituation basale Wünsche und Bedürfnisse sowie Ängste und Befürchtungen aktiviert werden, die wir aus unserer Lebensgeschichte mitbringen. Vor allem in neuen und unbekannten Situationen greifen wir auf unsere bisherigen Erfah-

3.2 Der horizontale Schnitt: Das Sichtbare und das Verborgene

rungen zurück und behandeln neue Situationen und Personen wie solche, mit denen wir früher zu tun hatten.

Frau B. war fest davon überzeugt, dass sie – wenn sie nur gut und selbstständig arbeiten würde – keine Schwierigkeiten zu erwarten habe. Ihre Leistung sollte ihr den Zugang zur Gruppe ebnen und nicht sachfremde Anknüpfungspunkte, wie z. B. der persönliche Kontakt in der Freizeit oder das äußere Erscheinungsbild, hinsichtlich dessen sie mit den anderen Frauen nicht konkurrieren wollte. Sie orientierte sich an der Aufgabe, wie sie es aus früheren Arbeitsbeziehungen gewohnt war, und kümmerte sich nicht um den Aufbau und die Pflege der persönlichen Beziehungen am Arbeitsplatz. Frau B. hatte gelernt, auf Äußerlichkeiten ausdrücklich keinen Wert zu legen, sondern sich durch gute Leistungen die Anerkennung ihrer Umwelt zu verdienen.

Wie sich später herausstellte, hat Frau C. schnell das Unsichere und Unbestimmte an der Situation gespürt, in die sie hineingestürmt ist, und diese Unsicherheit schlecht ertragen. In ihrer Familie, in der die Eltern wenig für Struktur und Orientierung der vier Geschwister gesorgt und diesen sehr viel Freiraum gelassen hatten, hatte sie als die Älteste die Aufgabe übernommen, diese Lücke zu füllen. Auch in der neuen Gruppensituation erwuchs vor diesem Hintergrund der starke Impuls, aktiv zu werden und sich und anderen Klarheit und Orientierung zu verschaffen.

Der psychodynamischen Ebene kommt gruppendynamisch dann eine besondere Bedeutung zu, wenn das Verhalten der Gruppenmenschen nicht zur aktuellen Situation der Gruppe zu passen scheint, also in gewisser Weise unverständlich ist und aus dem Rahmen fällt. Die jeweils Betroffenen bewerten eine Situation in ganz anderer Weise und scheinen gleichsam aus einer anderen Welt zu kommen. Mit der Aufklärung des Hintergrundes können einzelne Verhaltens- und Sichtweisen dann verstehbar gemacht werden. Gerade bei Frau B. hätte eine Reflexion der unterschiedlichen Verhaltensstile und der unterschiedlichen „Brillen", mit denen man sich gegenseitig betrachtete, zu einer Entspannung der Situation führen können.

Die Dynamik, die aus diesen „Verwechslungen" entsteht, wirkt keinesfalls nur behindernd. Aus den verborgenen Bedürfnissen und Ängsten erwachsen zugleich die Kräfte und Ideen, die eine Gruppe in Bewegung bringen können – wie im Beispiel der Seminargruppe durch das Verhalten von Frau C. ja tatsächlich geschehen. Abweichung und Unangepasstheiten – sei es im Verhalten, in der Meinung oder den Gefühlen – bergen immer die Chance zur Veränderung und Weiterentwicklung der Gruppe. Sie zielen auf einen Zustand der Gruppe, der erst noch geschaffen werden soll.

3.2.5 Der Kernkonflikt einer Gruppe

Wir halten es für sinnvoll und hilfreich, davon auszugehen, dass sich in jeder Gruppe ein spezifischer Kernkonflikt herausbildet, der den Prozess der Gruppe prägt und aus dem eine „überdauernde Geste" erwachsen kann im Sinne eines immer wieder auftretenden Handlungsmusters (vgl. Antons et al. 2004, S. 39 ff. und 293 ff.; Schattenhofer 2006, S. 129 ff.). Dieses Konzept sollte weder im Sinne einer „objektiven" Realität aufgefasst werden, es handelt sich auch hier wieder um die Konstruktion eines Beobachters. Noch ist dieser Kernkonflikt im psychoanalytischen Sinne als ein kollektives Unbewusstes zu verstehen, er ist zunächst einmal einfach unentdeckt.

Um das Besondere einer Gruppe zu verstehen, lohnt es sich, nach dem Konflikt zu suchen, der für eine Gruppe typisch, prägend oder Identität stiftend ist und daher während ihres Bestehens in immer neuen Varianten von den Gruppenmitgliedern durchgespielt wird. Es braucht eine gewisse Zeit, bis er sich herausbilden kann, auch wenn im Rückblick zumeist sichtbar wird, dass seine Anfänge schon bei der Gründung der Gruppe angelegt waren. Der Kernkonflikt muss sich nicht mit den strukturellen Konflikten, die in der Umwelt der Gruppe angelegt sind, decken, auch wenn seine Dynamik dadurch in Gang gesetzt werden kann. Er ist als gemeinsame und besondere Antwort auf die Aufgaben zu verstehen, die jede Gruppe zu lösen hat, und stellt daher eine individuelle Variation dar, wie mit den drei Dimensionen des gruppendynamischen Raumes umgegangen wird, wie sie im nächsten Kapitel dargestellt werden, und zwar unter den besonderen Bedingungen ebendieser speziellen Gruppe. Er kann sich an den verschiedensten Faktoren festmachen.

3.2 Der horizontale Schnitt: Das Sichtbare und das Verborgene

Im Falle der Verlagsteams ging es immer auch um den Konflikt zwischen einem attraktiven äußeren Erscheinungsbild, repräsentiert durch die spanischen Mitarbeiterinnen, und dem guten Arbeitsergebnis und der besonderen fachlichen Leistung, repräsentiert durch die neue deutsche Kollegin.

Im Falle der geschilderten Seminargruppe, zu der Frau C. verspätet hinzustieß und in der sie durch ihre Aktivität Widerstand hervorrief, zog sich die Auseinandersetzung zwischen einer aktiven, beschleunigenden Gestaltung und einem abwartenden, verlangsamenden Abwägen der jeweiligen Vorschläge durch das ganze Seminar, und der Konflikt wurde an verschiedenen Stellen und mit unterschiedlichen Besetzungen immer wieder neu inszeniert.

Im gruppendynamischen Training ist der Anfang eines solchen Kernkonfliktes häufig schon im Modus der Gruppenbildung angelegt und zeigt sich z. B. darin, nach welchen Motiven und Vermeidungen sich die Gruppenmitglieder zusammenfinden und gegebenenfalls die TrainerInnen wählen. Das anfängliche Bild der Gruppe von sich selbst kann dann den gesamten weiteren Prozess prägen.

Im gruppendynamischen Verständnis geht es darum, einen solchen Kernkonflikt als konstitutiven Teil der Gruppe zu begreifen und die in ihm angelegte Spannung so zu gestalten und zu nutzen, dass sie die Gruppe nicht blockiert, sondern in Bewegung bringt. Die Entdeckung dieses Konfliktes kann zwar für den Bestand einer Gruppe, zumindest anfänglich und vorübergehend, identitäts- und existenzbedrohend sein, doch ist er erst einmal kommunizierbar, kann er auch zu einem zentralen Mittel der Kohäsion werden.

4. Der gruppendynamische Raum

„Welche Themen beschäftigen die Einzelnen? Welche Bedeutung haben die Themen für die Gruppe? Welche Themen können die Wahrnehmung von Gruppen steuern?"

Mit dem vertikalen Schnitt haben wir die Gruppe von ihren Mitgliedern einerseits und ihrer relevanten äußeren Umwelt andererseits unterschieden. Mit dem horizontalen Schnitt und dem daran angelehnten Eisbergmodell haben wir verschiedene Ebenen bezeichnet, auf denen man das Geschehen in Gruppen untersuchen und interpretieren kann. Damit ist aber noch offen, auf welche Fragen die psychosoziale Dynamik von Gruppen eine Antwort gibt, wozu braucht es diese überhaupt? Jede Gruppe ist zwar mit einer Sachfrage beschäftigt, die sich aus ihrer Zielsetzung ergibt. Doch zugleich muss sie sich Bedingungen schaffen und erhalten, die es ihr erst ermöglichen, diese Sachfrage anzugehen und ihr Ziel zu erreichen. Unser Interesse als Gruppendynamiker gilt nicht vorrangig dieser Sachebene, sondern dem Bedingungsgefüge sowie den Wechselwirkungen, die sich zwischen der Sachebene und der psychosozialen Dynamik einer Gruppe ergeben. Wir gehen also davon aus, dass in jeder Gruppe, was immer ihr Ziel oder ihre Aufgabe sein mag, grundlegende Konflikte, Spannungen, Themen etc. bearbeitet und geregelt werden müssen, damit die Gruppe durch eine tragfähige innere Ordnung ihre orientierende Funktion für ihre Mitglieder entfalten kann.

Um die Dynamik einer Gruppe zu beschreiben, unterscheiden wir drei Dimensionen des gruppendynamischen Prozesses und damit drei notwendige Aufgaben, auf die jede Gruppe eine Antwort finden muss: Zugehörigkeit, Macht und Intimität. Die Dimension Zugehörigkeit verweist auf das Bedürfnis, sowohl mit anderen Menschen zusammen zu sein wie auch sich als von ihnen getrennt erfahren zu können. Die Dimension Macht bezeichnet das Bedürfnis, seinen eigenen Lebensraum mitbestimmen zu können wie auch die Tatsache, dass wir dabei dem Einfluss der anderen ausgesetzt sind. Die Dimension Intimität erfasst die Differenzierung der relevanten Beziehungen nach ihrem jeweiligen Grad der Nähe und Distanz (Amann 2003).

Die gängigen gruppendynamischen Prozessmodelle (vgl. S. 60 f.) sehen die drei Dimensionen als Abfolge: Zuerst wird die Zugehörigkeit bearbeitet, dann die Machtfrage, und schließlich werden Nähe und Distanz ausdifferenziert. Das Modell des gruppendynamischen Raumes (vgl. Antons et al. 2004) hingegen macht darauf aufmerksam, dass diese drei Dimensionen aufeinander verweisen und im dynamischen Geschehen einer Gruppe immer alle drei involviert sind. Wird die Frage der Macht behandelt, so werden damit auch Zugehörigkeit und Nähebedürfnisse gestaltet, werden Nähe und Distanz ausgelotet, so schwingen immer Fragen der Macht und Zugehörigkeit mit usw. Die drei Dimensionen schaffen Beobachterperspektiven in Bezug auf den Gruppenprozess, die es erlauben, die Komplexität des sozialen Systems Gruppe zu reduzieren und Ordnung in die Beobachtungen zu bringen, gerade wenn unklar ist, „worum es gerade geht". Diese Ordnung ist nichts Festgefügtes und Statisches, sondern in fortwährender Entwicklung, d. h., sie wird im Gruppenprozess hervorgebracht – und dabei auch verändert.

4.1 Drinnen/draußen: Dimension Zugehörigkeit

Die Dimension Zugehörigkeit bezeichnet die Grenze zwischen drinnen und draußen. In jeder Gruppe muss geklärt werden, wer dazugehört und wer nicht, wer im Zentrum steht und wer am Rand. Ohne eine solche Grenzziehung wird eine Gruppe gar nicht existent, eine Gruppe bildet sich in Abgrenzung zu anderen Gruppen und Individuen. Wird diese Grenzziehung aber zu rigide, und gibt es keinen Austausch mehr mit der relevanten Umwelt, so ist das Entwicklungspotenzial deutlich eingeschränkt. Daraus ergibt sich die Frage, wie durchlässig die Gruppengrenzen gehalten werden können und welcher Grad an Fluktuation möglich ist, ohne dass der Bestand der Gruppe gefährdet wird. Wie offen ist die Gruppe gegenüber Fremden und Fremdem?

4. Der gruppendynamische Raum

Die formale Regelung der Frage, wer dazugehört und wer nicht, muss im Entstehungsprozess einer Gruppe auch im informellen Gefüge eingelöst werden. Dabei kommt es immer wieder zu Ein- und Ausschlussprozessen. Unterhalb der sachlichen Oberfläche geht es in Gruppen „eigentlich" um viel mehr als um das gemeinsame Erreichen eines (Arbeits-)Zieles. Die emotionale Spannung, die wir gerade bei Gruppenanfängen spüren – auch wenn wir schon viele Erfahrungen mit Gruppen gemacht haben –, verweist uns auf die Chancen und Risiken, die jedem Anfang innewohnen, auf das Bedürfnis nach Zugehörigkeit und auf die Angst vor Ausschluss. In jeder Gruppe werden die damit verbundenen existenziellen Fragen angestoßen. Gehöre ich dazu oder nicht? Schaffe ich es hineinzukommen? Werde ich mit meinen Besonderheiten akzeptiert? Kann ich dazugehören, ohne mich (völlig) anpassen zu müssen? Darum geht es auch in den beiden Fallbeispielen. Sie zeigen, dass man in Gruppen nicht einfach hineingehen kann, auch wenn die Tür offen zu stehen scheint. Es gibt eine unsichtbare Grenze, an der bestimmt wird, wer hereinkommt und wer nicht und welche Regeln dabei beachtet werden müssen.

Auch wenn jemand formal (wie Frau B. mit einem Arbeitsvertrag) in ein Team aufgenommen wurde, ist für die Gruppe selber die Frage der Zugehörigkeit damit noch nicht geklärt.

Frau C. stürmt zwar in den Raum und in die Gruppe, zu der sie sich selbstverständlich zugehörig fühlt, stößt aber gerade dadurch auf deutliche Abwehrreaktionen. Die Selbstverständlichkeit, mit der sie ihre Zugehörigkeit einfordert, kann von der Gruppe als Machtdemonstration verstanden werden, die Reaktion der Gruppe darauf entsprechend als Zurückweisung dieses Anspruches.

Im privaten wie im beruflichen Bereich beschränkt sich unsere Zugehörigkeit nie auf nur eine Gruppe. Wir sind eingebunden in eine Vielzahl von sich überlappenden Zugehörigkeiten, aus denen sich Konkurrenzen und Loyalitätsprobleme ergeben können. Die Übergänge zwischen verschiedenen Zugehörigkeiten müssen gestaltet werden, im Konfliktfall müssen die verschiedenen Zugehörigkeiten in eine Rangfolge gebracht werden. Dann kann z. B. in einer

4.2 Oben/unten: Dimension Macht und Einfluss

Organisation die Frage auftauchen, wem man sich mehr verpflichtet fühlt, seinem Stammteam, einer Projektgruppe oder seiner Berufsgruppe. Und in jeder neuen Situation müssen wir darauf eine andere Antwort finden.

Macht verstehen wir nicht als etwas, das der eine hat, der andere nicht (vgl. König 2007a). Eine gruppendynamische Sichtweise geht vielmehr davon aus, dass Macht ein Merkmal jeder sozialen Beziehung ist. Daher kann die Macht einer Person noch so groß sein, sie ist eingebunden in das Netz sozialer Beziehungen, in denen sie entsteht. Macht ist damit immer relativ. Zudem ist schon in kleinen Gruppen die Zahl der möglichen Beziehungen so groß, dass die Herausbildung von Machtstrukturen zur Reduktion dieser Komplexität notwendig ist. Damit die jeweiligen Ziele erreicht werden können, stellt daher der Umgang mit Macht bzw. Machtbalancen in Gruppen eine notwendige Aufgabe dar. Hinderlich werden die Auseinandersetzungen um Macht und Einfluss erst, wenn sie alles andere dominieren und es einer Gruppe unmöglich wird, ihre Ressourcen nach den jeweiligen Erfordernissen einzusetzen. Die in Gruppen und Teams regelmäßig zu beobachtende Rivalität und Konkurrenz um die „richtigen" und „besten" Ideen, Vorschläge und Lösungen, die oberflächlich gesehen auf der Sachebene zu liegen scheinen, berühren genau diese Dimension.

Idealtypisch stehen einer Gruppe für diesen Umgang mit Machtbalancen zwei „Lösungen" zur Verfügung: Hierarchie (eine Form der Rollendifferenzierung) und Normen. Die meisten Gruppen unseres beruflichen Alltags sind in eine formale Hierarchie eingebunden, die einzelnen Personen Führungsaufgaben überträgt und damit Macht über andere verleiht. Wie und ob diese formale Macht sich gegen informelle Macht durchsetzen und so eingesetzt wird, dass sie für das Ziel der Gruppe produktiv wird, ist eine andere Frage. Gegenüber der Bedeutung von Hierarchie bekommt die andere „Lösung" für den Umgang mit Macht häufig nicht die nötige Aufmerksamkeit, obwohl sie eine mindestens gleichbedeutende Rolle spielt: die Herausbildung von

Normen und Regeln. Auch diese sind immer nur zum Teil formal vorgegeben. Als Gruppendynamiker richten wir unseren Blick vor allem auf das Geschehen auf der Hinterbühne, auf der jede Gruppe innerhalb ihres vorgegeben Rahmens ihr eigenes Regelwerk herausbildet.

Der Umgang mit Macht in Gruppen ist also gerahmt von der äußeren Umwelt der Gruppe, z. B. der sie umgebenden Organisation, und der inneren Umwelt in Gestalt der beteiligten Personen, die ihre Bedürfnisse nach Macht und Einfluss und ihre gelernten Erlebens- und Verhaltensweisen in die Gruppe mitbringen.

> Frau B. kann sich, wie sie in der Beratung erzählt, daran erinnern, dass sie schon im Kindergarten ein bestimmtes Verhaltensmuster hatte, wenn es darum ging, sich für ihre Interessen einzusetzen. Schon damals fand sie es unmöglich, dass sich andere Kinder vordrängten und lautstark auf sich aufmerksam machten, um etwas bei den Kindergärtnerinnen zu erreichen. Sie versuchte vielmehr, durch eine ruhige, unaufdringliche Zurückhaltung und vor allem ihre guten Leistungen sich von den anderen zu unterscheiden und so die Aufmerksamkeit auf sich zu lenken. Oft führte das auch zum Erfolg. In ihrem neuen Team, in dem man sich allgemein weniger abwartend verhielt, brachte ihr das keinen Erfolg. Sie wurde als zu distanziert, als kühl und arrogant erlebt.

4.3 Nah/fern: Dimension Intimität

Die dritte Dimension, nah/fern, bezieht sich auf die unterschiedliche Ausgestaltung von Intimität zwischen den Mitgliedern einer Gruppe. Hält man eher Abstand voneinander, bleibt man kühl und sachbezogen, beschränkt man sich auf den formellen Bezug in der Gruppe, oder gibt es ein ausgeprägtes „informelles" Leben außerhalb und nach der Arbeit? Ist die Nähe zueinander ein wichtiger Wert in der Gruppe? Müssen sich alle „gleich nah" sein, oder darf es Unterschiede geben? Dürfen Untergruppen oder gar Paare entstehen? Wie gehen Männer mit Frauen und Frauen mit Männern um, wie sind die Beziehungen von Männern und Frauen jeweils untereinander? Angesprochen sind damit Fragen von Sympathie und Antipathie und die sich daraus ergebenden Prozesse von Annäherung und Abstoßung.

4.3 Nah/fern: Dimension Intimität

Bevor man sich mit der alltagsweltlichen Annahme begnügt, es stimme halt einfach die „Chemie" zwischen einzelnen Personen nicht, lohnt sich ein zweiter Blick darauf, wie sich diese Gestaltung von Nähe und Distanz in Gruppen auswirkt. Denn es springt unmittelbar ins Auge, wie auch diese Dimension mit den anderen beiden Dimensionen, Zugehörigkeit und Macht, verknüpft ist. Aus der gegenseitigen Attraktivität von Personen füreinander kann sich schnell eine Rangordnung herausbilden, die einzelne Gruppenmitglieder an den Rand rückt. Die Nähewünsche an eine Person, die von mehreren als attraktiv angesehen wird, können in Konkurrenz zueinander geraten. Es kann ein stiller Wettbewerb darum entstehen, was denn in dieser Gruppe als attraktiv gilt, wem diese Eigenschaften zugeschrieben werden und wem nicht. Einzelne als besonders attraktiv wahrgenommene Personen können zu Machtzentren werden, um die herum sich Untergruppen bilden.

Auf der individuellen Ebene können durch die notwendige Gestaltung von Intimität eine Fülle von Ängste angesprochen werden. Welche Nähe und welche Distanz ist dem Einzelnen angenehm oder wichtig? Überwiegen die Suche nach Autonomie und die Angst, sich zu verstricken und sich in einer Beziehung zu verlieren? Oder ist der Einzelne auf emotional enge Beziehungen angewiesen, die jederzeit einschätzbar und einklagbar sind, um sich wohl zu fühlen und arbeitsfähig zu sein?

Eine besondere Sprengkraft entwickeln in Gruppen enge Freundschafts- und Liebesbeziehungen. Denn solche Beziehungen sind auf Exklusivität aufgebaut, d. h., sie schließen andere aus und entwickeln Ansprüche auf besondere Loyalität zueinander. Dies kann schon eine Rolle spielen, wenn zwei Freunde das erste Mal mit ihren jeweiligen Partnern in einen gemeinsamen Urlaub fahren und sich auf einmal konkurrierenden Ansprüchen von Freundschafts- und Liebesbeziehung ausgesetzt sehen, die balanciert werden müssen. Gesteigert ist dies nochmals in Arbeitskontexten, wenn z. B. in einem Team zwei Personen in einer Paarbeziehung miteinander leben. Die Logik einer Arbeitsbeziehung mit ihrer spezifischen Nähe-und-Distanz-Regulierung kann in Konflikt geraten mit der Logik der Liebesbeziehung. Nochmals komplizierter wird es, wenn die Paarbeziehung quer zur Hierarchie liegt, also eine Vorgesetzte mit einem Mitarbeiter verheiratet ist oder – noch pikanter – mit ihm ein geheimes Verhältnis hat. Abgesehen davon, dass die Rolle der Liebhaberin schwer mit der Rolle der Vorgesetzten vereinbar ist, stellt sich auf Gruppenebene durch die besondere exklusive Nähe zwischen zwei Personen die Frage nach Gleichbehandlung und Gerechtigkeit.

4.4 Die Aktualisierung lebensgeschichtlicher Erfahrungen im Gruppenprozess

Wie der Einzelne mit diesen drei Dimensionen und den Aufgaben, die sie stellen, umgeht, wird maßgeblich durch die Erfahrungen seiner Lebensgeschichte geprägt. In jeder Gruppenerfahrung werden daher diese biografischen Prägungen berührt, aus ihnen erwachsen gleichermaßen die Ressourcen wie die Einschränkungen des Einzelnen.

An erster Stelle stehen hierbei die Erfahrungen in unserer Herkunftsfamilie (König 2004), die wir in alle weiteren Gruppen mitnehmen bzw. die in allen späteren Gruppenerfahrungen wieder auftauchen. Die Familie ist eine Gruppe besonderer Art, wir können sie uns nicht aussuchen, wir werden ein Teil von ihr, noch bevor wir überhaupt eine Vorstellung von ihr haben. Unabhängig davon, in welchen Familienstrukturen wir aufwachsen, ist im Dreieck von Mutter, Vater und Kind idealtypisch unsere soziale Existenz in ihrer Struktur vorgebildet. Fundamental ist hierfür die Entstehung eines Gefühls der Zugehörigkeit, aus dem heraus wir eine Vorstellung von unserem Platz in dieser Welt entwickeln. Damit einher gehen die Dynamik von Einschluss und Ausschluss sowie ein Gespür dafür, welche Normen und Regeln diese (Familien-)Gruppe ausmachen. Im Eltern-Kind-Verhältnis sind zugleich die erste Erfahrung mit einem hierarchischen Unterschied sowie die Geschlechterdifferenz enthalten. Hinzu kommt die Geschwisterbeziehung, die einerseits auf der Ebenbürtigkeit der Geschwister beruht, andererseits durch ein Früher und Später charakterisiert ist. Dies weist uns die Position der Ältesten, des Mittleren oder der Jüngsten zu. Weitet sich der Blick des Kindes auf die Familien von Vater und Mutter, auf die Großeltern, Onkel und Tanten also, und erfasst den weite-

4.4 Die Aktualisierung lebensgeschichtlicher Erfahrungen

ren Umkreis der Kernfamilie, so entsteht das Bewusstsein von Zugehörigkeit zu dieser Gruppe von Menschen, in der zugleich jede Position von mehreren Zugehörigkeiten geprägt ist. Vater und Mutter sind zugleich Sohn und Tochter in ihren Ursprungsfamilien oder Onkel und Tante für diejenigen, die für uns Cousins und Cousinen sind. So wird in der Familie die Grundlage gelegt für die drei Grundbedürfnisse bzw. die drei Dimensionen von Zugehörigkeit, Macht und Intimität, die uns in allen späteren Gruppen wiederbegegnen.

Die Gruppen unserer Kindheit und Jugend erweitern unseren Erfahrungsraum. Dem Kindergarten folgen Erfahrungen mit Gruppen in der Schule, eingebettet in die Vielfalt von gleichrangigen Beziehungen zu anderen Schülern und kontrastiert durch das Erleben von Lehrern und anderen Erwachsenen. In der Schule werden die bisherigen Erfahrungen mit Maßstäben konfrontiert, die von außen an sie herangetragen werden, mit den Leistungsansprüchen der Institution Schule. Innerhalb und quasi „unterhalb" dieses Rahmens entstehen Beziehungen, die sich diesem Rahmen zu entziehen versuchen, wir werden Teil einer Clique.

Diese Gruppenerfahrungen werden ergänzt und kontrastiert durch die Erfahrung von Freundschaftsbeziehungen, die häufig in den Kontext einer größeren Gruppe eingebettet sind. Hier erfahren wir das erste Mal außerhalb der Familie den Unterschied zwischen der Intimität einer besonderen Zweierbeziehung und solchen Beziehungen, die unter den Augen von anderen stattfinden. In der Unterschiedlichkeit von Nähe und Distanz entsteht allmählich eine Vorstellung von uns als privater und öffentlicher Person und die Entscheidung, wer welchen Ausschnitt meiner sich herausbildenden Persönlichkeit zu sehen bekommt. Ist in der Beziehung zu einer „besten Freundin" oder einem „besten Freund" diese Erfahrung von Exklusivität schon vorgeprägt, so bekommt sie eine neue Qualität durch das Hinzutreten von erotischer und sexueller Anziehung. Die „erste Liebe" erweckt nicht nur den Eros, sondern schließt den Kommunikationsraum unserer Gruppenerfahrungen gleichsam nach „unten" ab. Die Exklusivität der Liebesbeziehung dauert nur so lange an, wie ich ihr ein größeres Maß an Nähe einräume als meinen anderen Beziehungen.

4. Der gruppendynamische Raum

Gruppen spielen in unserem sozialen Leben also eine herausragende Rolle. Verlängerte Ausbildungszeiten sind nur ein Indiz für eine allgemeine Verlängerung der Suchprozesse, in denen wir uns selber als Personen finden und erfinden. Die eingegrenzte Zahl von Gruppenzugehörigkeiten früherer Lebensläufe – über Elternhaus, Schule, Ausbildung, Verein, Beruf in eine eigene Familie – verwandelt sich in ein Netzwerk von sich überlappenden und sich gegenseitig ablösenden Zugehörigkeiten. Eine Ausbildung schließt an eine andere an, Mitgliedschaften, Freundschaften, Liebesbeziehungen und Ehen entstehen und gehen zu Ende, eine berufliche Erfahrung wird durch eine nächste Erfahrung abgelöst. Alle diese gesammelten Erfahrungen machen die Hintergrundsfolie aus, vor der wir in Gruppen fühlen, denken und handeln.

5. Normen und Rollen in Gruppen

*„Verhalten sich Menschen in Gruppen, wie sie ‚wirklich' sind?
Warum verhalten sie sich hier anders als ‚draußen'?"
„Welche Rollen gibt es in Gruppen? Muss es immer einen Außenseiter
geben? Was ist mit denen, die schweigen und die sich an den Rand
stellen? Kann man die eigene Rolle wechseln, oder hängt sie mit dem
Persönlichkeitstyp zusammen?"*

Im Zentrum der gruppendynamischen Aufmerksamkeit steht die Soziodynamik der Gruppe, angesiedelt zwischen äußerer und innerer Umwelt einerseits, zwischen Sachebene und Beziehungs- bzw. Übertragungsebene andererseits. Diese Soziodynamik einer Gruppe lässt sich in ihrer Eigengesetzlichkeit mit sozialpsychologischen Begriffen näher erfassen. Dabei kann man jeweils bestimmte Aspekt in den Mittelpunkt stellen, z. B. Macht (König 2007a), Rollen und Positionen (Schindler 1971), Normen und Regeln (Sader 2002), Konflikte (Schwarz et al. 1996) oder Führung (Sader 2002). Durch den jeweiligen Blickwinkel und die Herangehensweise wird bestimmt, was wir sehen und was wir nicht sehen. Die folgenden Überlegungen gelten der Bedeutung von Normen und Rollen.

Normen bezeichnen die Verhaltenserwartungen, die für alle Mitglieder einer Gruppe gleichermaßen Geltung beanspruchen und damit auf das Gemeinsame und die Gleichheit der Gruppenmitglieder abzielen. In der Ausbildung unterschiedlicher Rollen zeigt sich die soziale Differenzierung, d. h. die zunehmende Unterschiedlichkeit der Gruppenmitglieder. Mit den beiden Konzepten lässt sich verständlich machen, wie sich im Verlauf des Gruppenprozesses aus wechselseitigen Ansprüchen, Forderungen und Verhaltenserwartungen Gemeinsamkeiten *und* Unterschiedlichkeiten herstellen. Die Beteiligten sind den Normen und Rollen dabei nicht hilflos unterworfen, sondern sie sind durch ihr Verhalten, ihre Interessen und Einflussmöglichkeiten an ihrer Entstehung beteiligt. Die Anpassung an und die Gestaltung von Normen und Rollen lassen sich somit als rückbezügliche, sich wechselseitig bedingende Prozesse beschreiben.

5.1 Normenbildung in Gruppen

Der Begriff der Norm wird in verschiedenen Wissenschaften auf unterschiedliche Weise verwendet. Es gibt physikalische Normen, industrielle Normen, Sicherheitsnormen, Verhaltensnormen, Rechtsnormen, um nur die wichtigsten zu nennen. D. h., mit einer Norm kann 1. eine beobachtbare Gleichförmigkeit des Verhaltens gemeint sein; 2. eine soziale Bewertung von Verhalten; und 3. eine verbindliche Forderung eines bestimmten Verhaltens. Letztere beiden sind als präskriptive Normen zu verstehen, d. h., sie schreiben einen wünschenswerten oder verbindlichen Zustand oder ein entsprechendes Verhalten in einer Gruppe vor bzw. fordern ihn ein. So verstanden, sind Normen ein Standard, der von einzelnen ihrer Mitglieder oder von außen an eine Gruppe herangetragen wird bzw. den die Mitglieder einer Gruppe herausgebildet haben und an dem sie sich orientieren und der das Zusammenleben in Gruppen überhaupt erst möglich macht (vgl. König 2007a, S. 83 ff.). Die Einhaltung solcher Normen wird meistens durch Sanktionen gesichert und verstärkt.

Normen lassen sich weiterhin nach ihrer unterschiedlichen Reichweite unterscheiden. Es gibt allgemeine kulturelle Normen, die eine hegemoniale Vorherrschaft beanspruchen, sowie Normen kultureller und ethnischer Untergruppen, altersspezifische Normen, geschlechtsspezifische Normen usw. Ihr Geltungsbereich hängt besonders von der Macht und dem Einfluss ihrer jeweiligen Repräsentanten ab. Da wir alle unterschiedlichen Gruppen angehören bzw. uns in Werthaltungen und Verhalten an unterschiedlichen Bezugsgruppen orientieren, können Konflikte zwischen sich widersprechenden Normen entstehen. Konflikte können ebenfalls entstehen zwischen Normen, die explizit vereinbart sind und offen kommuniziert werden, und solchen, die implizit vorausgesetzt werden und verdeckt sind. Dies macht es für den Einzelnen schwer, die in der jeweiligen Situation geltenden Normen zu identifizieren und zu bestimmen, woran man sich am besten orientiert. Anderer-

5.1 Normenbildung in Gruppen

seits bekommen Normen gerade in unübersichtlichen und neuen Situationen häufig die Funktion, Unsicherheiten und Ängste zu regulieren. Mit der Orientierung an tatsächlichen oder auch nur angenommenen Normen schützen sich die Einzelnen vor einer für sie zu großen Verunsicherung.

Für das bessere Verständnis einer konkreten Gruppe und des Verhaltens ihrer Mitglieder lohnt es sich zu untersuchen, welche expliziten offenen, oder von der relevanten Umwelt vorgegebenen bzw. vereinbarten Normen es gibt, und welche impliziten, unausgesprochenen oder im Prozess der Gruppe entstandenen Normen gelten, und vor allem, in welchem Verhältnis zueinander die beiden Normenwelten stehen.

In einer Gruppe von Führungskräften und Verantwortlichen einer kleineren Bank galten entsprechend den Führungsleitlinien der Organisation unter anderem folgende explizite Normen, nach denen sich die Führungskräfte verhalten sollten:

- Konflikte werden offen ausgesprochen.
- Kritik wird zeitnah und konstruktiv geäußert.
- Alle sagen offen ihre Meinung.

Auf die Frage, nach welchen Normen sie sich in der Gruppe tatsächlich verhalten würden, formuliert die Gruppe:

- Tue niemandem weh.
- Streite nicht, und ignoriere unterschiedliche Meinungen.
- Appelliere niemals.
- Übe keine Kritik am Verhalten der anderen.
- Halte dich bedeckt.
- Beherrsche deine Emotionen.

Der Widerspruch zwischen den offenen und den verdeckten Normen ist hier augenfällig und durchaus typisch für Arbeitsgruppen und Teams. Es stellt sich die Frage, warum sich die Gruppenmitglieder den impliziten Normen anpassen, wenn offiziell und formell etwas ganz anderes gefordert und erwartet wird, und warum dies anscheinend ganz ohne Zwang geschieht.

Die individuellen Beweggründe für eine solche Anpassungsleistung können für jedes einzelne Mitglied einer Gruppe ganz unterschiedlich sein. Hier interessieren uns vor allem die gruppentypischen Motive, aus denen eine derartige Anpassungsbereitschaft entsteht, die über das für den Einzelnen und die Gruppe funktionale Maß weit hinausgehen kann. In dem Beispiel sorgen die verdeckten Normen dafür, dass sich die einzelnen Mitglieder nicht zu nahe treten, dass ihr individueller Spielraum und ihre Interessenlagen gewahrt bleiben und dass die nach außen hin sichtbare Harmonie nicht gestört wird. Die Gruppenmitglieder wollen sich – bewusst oder unbewusst – nicht, wie gefordert, im Sinne einer besseren Arbeitsfähigkeit der Gruppe miteinander auseinander setzen, sondern sie wollen sich gegenseitig in Ruhe lassen und den Frieden bewahren. So bekommen die „von oben" proklamierten offiziellen Leitlinien ein Gegengewicht durch die informellen Normen, die damit eine Art von kritischem Kommentar zu den formellen Leitlinien darstellen. Das Beispiel der Führungsleitlinien in der Bank zeigt zudem, dass die bloße Vereinbarung expliziter Normen und Regeln, mit der oft die Arbeit in Gruppen begonnen wird, zwar einen wünschenswerten Zustand definieren mag, aber noch keine (Verhaltens-)Realität schafft. Es muss sich erst erweisen, ob sich die Einzelnen auch daran halten. Oder, anders gesagt: Es zählt nicht, wie eine Situation nach gemeinsamer Vereinbarung sein *soll*, sondern wie sich die Beteiligten konkret in ihr verhalten. Wird z. B. nur davon gesprochen, Konflikte offen anzusprechen, oder kann man das im Gruppenalltag auch erleben?

Das gruppendynamische Verständnis geht davon aus, dass die Mitglieder einer Gruppe ihre Produktivität dann erhöhen können, wenn sie ihre Normen ins Gespräch bringen und auf ihre Funktionalität hin überprüfen können. Manchmal ist dies nur möglich, wenn eine Norm gebrochen und damit als solche überhaupt erst sichtbar wird. Abweichende Standpunkte und Verhaltensweisen bergen, gruppendynamisch gesehen, somit immer Entwicklungsmöglichkeiten. Im Austausch über die Normen kann deutlich werden, welche davon durch die äußere Umwelt der Gruppe, z. B. die Bedingungen einer Organisation, gesetzt sind, welche durch die innere Umwelt, z. B. die Interessenlagen der einzelnen Mitglieder, bedingt sind, welche aus der Eigendynamik der Gruppe heraus entstehen und welche verändert werden können.

5.2 Rollendifferenzierung in Gruppen

Das Rollenkonzept der Sozialwissenschaften, dem auch die Gruppendynamik folgt, bedient sich der Theatermetapher, nach der wir auf einer gesellschaftlichen Bühne, d. h. unter den Augen von Mitspielern und Zuschauern, einen zur Rolle passenden Text bzw. ein passendes Verhalten zur Aufführung bringen (Goffman 2006). Aber im Unterschied zum Theater werden dieser Text und dieses Verhalten nicht von irgendeinem Autor verfasst und definiert, sondern sie entstehen aus den Erwartungen, die von den anderen Mitspielern und dem Publikum der jeweiligen Rolle entgegengebracht und vom Rollenspieler hinreichend akzeptiert werden sowie von ihm in unterschiedlichem Ausmaß verinnerlicht sein können. Rolle und Person bleiben dabei immer unterschieden, d. h., eine Person geht nie ganz in einer Rolle auf, bzw. eine bestimmte Rolle bringt immer nur einen Ausschnitt der Person zu Darstellung.

Für die Analyse von Rollenkonstellationen in Gruppen und Teams sind verschiedene Modelle entwickelt worden. So fasst z. B. Antons (2000, S. 226 ff.) unter den Kategorien „aufgabenbezogene Rollen", „Erhaltungs- und Aufbaurollen" und „negative Rollen" jeweils typische Verhaltensweisen zusammen mit je unterschiedlichen Wirkungen auf den Gruppenprozess. Diese Beschreibungen von unterschiedlichen Rollen wurden aus Untersuchungen von Gruppen und Teams gewonnen. In vielen Praxisfeldern sind jedoch Modelle populär, die aus Charakter- oder Persönlichkeitstypologien entstanden sind und, obwohl sie ursprünglich mit sozialen Rollen nichts zu tun haben, einfach auf Gruppen übertragen werden. Es gibt aber einen fundamentalen Unterschied zwischen solchen persönlichkeitspsychologischen Typologien und der sozialpsychologisch-gruppendynamischen Betrachtungsweise. Erstere nehmen an, dass alle Gruppenmitglieder ihren Persönlichkeitstyp mit in die Gruppe bringen und damit ihre Rolle und ihren Platz definieren. Die gruppendynamische Betrachtungsweise geht hingegen davon aus, dass sich in jeder Gruppe ein bestimmtes der Aufgabe und der personellen Zusammensetzung entsprechendes Set von Rollenmustern herausbildet, das nur teilweise von den individuellen Eigenschaften der jeweiligen Rollenträger bestimmt ist.

5. Normen und Rollen in Gruppen

Eine Gruppe ist demnach nur dann arbeitsfähig, wenn in ihr ein bestimmtes Repertoire an unterschiedlichen Rollen ausgebildet werden kann. Man braucht sich nur einmal folgende Szenarien vorzustellen: Alle wollen in einer Gruppe gleichzeitig die Führung übernehmen, aber niemand will Gefolgschaft leisten; alle warten darauf, dass jemand die Initiative ergreift, aber niemand geht voran; alle produzieren interessante Ideen zur Lösung der Gruppenaufgabe, aber niemand führt die Entscheidung herbei, welche der Ideen in die Tat umgesetzt werden soll. Es muss also eine Mindestausstattung mit unterschiedlichen Rollen vorhanden sein ebenso wie ein Mindestmaß an Ausdifferenzierung sich ergänzender, komplementärer Verhaltensweisen, damit eine Gruppe als solche funktionieren kann. Diese Rollen sind dabei nicht an bestimmte Personen gebunden, sondern können unter den Mitgliedern einer Gruppe jeweils situationsspezifisch verteilt werden. Zugleich entlasten unterschiedliche Rollen die Einzelnen davon, das in Gruppen notwendige Verhaltensspektrum ganz alleine abdecken zu müssen. Hierzu ein neues Fallbeispiel:

> Frau H. arbeitet seit eineinhalb Jahren im Redaktionsteam des hauseigenen Mitteilungsblattes einer großen Forschungseinrichtung mit drei Kollegen und zwei weiteren Kolleginnen zusammen. Sie ist auf Bitten von Frau K. dazugestoßen, die mit neun Jahren Zugehörigkeit die dienstälteste und erfahrenste Redakteurin der Zeitschrift ist. Das Team trifft sich mindestens zwölfmal im Jahr, für jede der sechs Ausgaben zweimal. Beim zweiten Treffen ist jeweils der verantwortliche Chef dabei, um die endgültige Fassung der neuen Nummer mit zu verabschieden. Die Treffen laufen meist ähnlich ab: Frau K. bestreitet ca. zwei Drittel der Gesprächsbeiträge, die anderen werfen mal kurz etwas ein, stellen einen Beitrag vor etc. Frau K. kommentiert, entwickelt neue Ideen, treibt an, erzählt viel über ihren beruflichen Alltag, aber auch von privaten Erlebnissen und davon, was sie alles von anderen hört und erzählt bekommt. Sie betont die Eigenständigkeit der Redaktion gegenüber der Institution. Die anderen hören mehr oder weniger interessiert zu, stellen ab und zu eine Frage, die sofort von Frau K. beantwortet wird. Wenn der Vorgesetzte an der Sitzung teilnimmt, wird Frau K. eher noch dominanter und tritt als einzige Sprecherin der ganzen Gruppe auf, die formal nur gleichberechtigte Mitglieder hat. Frau H. hat sich dieser Gruppenkultur angepasst, weil sie zunächst glaubte, nicht viel

5.2 Rollendifferenzierung in Gruppen

beitragen zu können. Nach einer Sitzung mit einem neuen verantwortlichen Vorgesetzten, dem ausschließlich Frau K. die Arbeit der Gruppe vorstellte und die anderen gar nicht zu Wort kamen, wurde ihr klar, dass sie auf diese Weise nicht mehr in der Gruppe mitarbeiten will.

In einer Supervisionsgruppe, an der Frau H. zu Fortbildungszwecken teilnahm, wurde die Situation im Rollenspiel nachgespielt zu dem Zweck, sie zu analysieren und Veränderungsmöglichkeiten zu entwickeln. Die Spielerin von Frau K. beherrschte ihrer Rolle entsprechend das ganze Gespräch, alle anderen waren von der Blickrichtung, der Aufmerksamkeit, dem Interesse vollkommen auf sie ausgerichtet. Wenn sie nicht von sich aus redete, dann wurde sie etwas gefragt. Wenn eine kleine Pause entstand, fühlte sie sich aufgefordert, sie sofort zu füllen. Jede Kommunikation in der Gruppe lief über sie. Die Spielerin empfand einen großen Druck und hatte das Gefühl, alles hänge an ihr. Die anderen fühlten sich von ihr blockiert und hatten den Eindruck, nicht zu Wort zu kommen, zugleich waren sie auch froh, so von Frau K. entlastet zu werden. Es hatte sich über die Jahre eine feste, kaum störbare Rollenverteilung ergeben, eine Ordnung, die sich zur Unzufriedenheit aller Beteiligten weitgehend verselbstständigt hatte. Es bedurfte eines neuen Teammitgliedes, Frau H., damit in dieser eingefahrenen Dynamik überhaupt die Notwendigkeit und die Möglichkeit verspürt wurde, an der Situation etwas zu verändern.

Im geschilderten Beispiel gibt es die komplementären, aufeinander angewiesenen Rollen der Führenden und der Geführten, der Sprechenden und der Zuhörenden. Sie haben sich über die Zeit herausgebildet und halten die Gruppe stabil, sodass die Arbeitsaufgabe bewältigt werden kann. Die beiden Verhaltenspole bedingen sich dabei gegenseitig. Je mehr Frau K. die aktive Rolle übernimmt, desto mehr richten sich die anderen an ihr aus und werden passiver, und umso aktiver wiederum glaubt Frau K. werden zu müssen usw. D. h., beide Seiten verhalten sich entsprechend den Erwartungen, die sie wechselseitig an sich gerichtet glauben. Niemand traut sich, die Erwartungen der anderen zu enttäuschen, und so sorgen alle für die Stabilität der Situation.

Die konkrete Gestaltung der Rolle stellt sich in dieser Sichtweise als Kompromissbildung dar zwischen den Anforderungen der Gruppe und den persönlichen Wünschen, Interessen und Möglichkeiten, die die Einzelnen mitbringen. So entspricht es möglicher-

5. Normen und Rollen in Gruppen

weise Frau K., die Führung zu übernehmen und die antreibende Kraft zu sein, weil sie dieses Verhalten gelernt hat und bisher damit Erfolg hatte. Gleichzeitig wird sie in der Gruppensituation herausgefordert, diese spezifische Seite von sich zu zeigen, so wie dies auch für die anderen Rolleninhaber der Fall ist. Es entsteht ein rückbezüglicher, sich wechselseitig bedingender Prozess der Rollenzuweisung. Auf der einen Seite wird keine Rolle ausschließlich von der Gruppe definiert, es gibt immer einen individuellen Gestaltungsspielraum. Auf der anderen Seite ist niemand auf Grund seiner persönlichen Eigenschaften dazu verurteilt, immer ein und dieselbe Rolle zu übernehmen.

Bei einer längerfristigen Qualifizierungsmaßnahme für Führungskräfte aus unterschiedlichen Organisationen charakterisieren diese die Differenzierung in ihrer Fortbildungsgruppe mit folgenden Rollen:

- die Harmoniestrebenden:
  beschützen, integrieren, ausgleichen, intervenieren vor der Eskalation
- die beteiligten Beobachter:
  aktive Passivität, Toleranz, zuhören, ruhender Pol, geringer Redeanteil, abwägende Gedanken
- die Gute-Laune-Macher:
  Lässigkeit, Offenheit, ironische und sarkastische Aussagen
- die Führenden:
  zurechtweisend, spontan (zuerst reden, dann denken), emotionale Power, verletzend-spitz hart am Limit, ehrgeizig, selbstbewusst, arrogant.

In der Gruppe von Führungskräften führen also nicht alle, sondern es bilden sich unterschiedliche, aufeinander bezogene Rollen aus, für die sich jeweils typische und prägnant von den anderen abgrenzbare Verhaltens- und Ausdrucksweisen beschreiben lassen. Wenn eine bestimmte Rolle nicht besetzt wäre, müssten sich die anderen Gruppenmitglieder neu formieren, um die fehlenden Rollensegmente zu übernehmen. Zugleich machen die Selbstbeschreibungen deutlich, dass jede Rolle Chancen und Risiken für die Zusammenarbeit in sich birgt.

5.2 Rollendifferenzierung in Gruppen

5.3 Das Modell von Raoul Schindler

Um anschaulich zu machen, welche Mindestausstattung mit differenzierten Rollen eine Gruppe braucht und welche typischen Gruppenkonflikte sich daraus ergeben können, eignet sich gut das rangdynamische Modell (hier in einer grafischen Darstellung von C. O. Velmerig) von Raoul Schindler (1971; vgl. auch Majce-Egger 1999, 271 ff.).

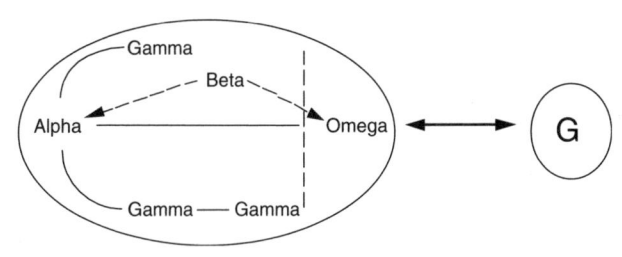

Abb. 4: Rangdynamik

Das Modell geht davon aus, dass eine Gruppe ein eigenes Ziel und eine eigene Identität immer in Auseinandersetzung mit einem Gegenüber (G) oder einem Gegner ausbildet. Dieses Gegenüber ist außerhalb der Gruppe angesiedelt, mit ihm muss die Gruppe sich auseinander setzen, von ihm grenzt sie sich ab, und gerade daraus erwächst ihre Identität als Gruppe. Die Beziehung zu G (einer Person, einer anderen Gruppe, einem Auftrag in der äußeren Umwelt) ist nie eindeutig feindlich oder freundlich, sie ist meistens ambivalent, immer aber intensiv.

In der Auseinandersetzung mit G entsteht nun folgende Rangstruktur: Alpha bezeichnet den Kristallisationskern der Gruppe, von dieser Position wird eine erfolgreiche Auseinandersetzung mit G erwartet. Wer die Alphaposition innehat, führt die Gruppe an, er oder sie verspricht Erfolg und tritt aktiv für die Erreichung der Ziele ein. Mit der Person auf der Alphaposition identifizieren sich die InhaberInnen der Gammaposition, sie unterstützen diese Position und folgen ihr, zumindest solange deren Aktivität Erfolg verspricht. In maximaler Distanz zu denen, die sich mit Alpha identifizieren, befindet sich die Position Omega, die *innerhalb* der Gruppe mit G identifiziert ist. Sie ist am weitesten von der positiven Identität der Gruppe und ihrem Mitgliedsideal entfernt. Omega repräsentiert das abzuwehrende, das sowohl verunsichernde wie auch faszinierende Gegenüber *in* der Gruppe. InhaberInnen dieser Position stellen die Gruppe in ihrem momentanen Zustand infrage, sie ziehen damit die Aggressionen der anderen auf sich und geraten in Gefahr, ausgeschlossen zu werden. Während die Position Alpha für Identität und Kontinuität, für die Sicherheit der Gruppe steht (mit der Gefahr der Erstarrung), so steht Omega für Verunsicherung, Veränderung und Neues (mit der Gefahr der Auflösung). Die Betaposition wiederum bezeichnet eine beratende, fachlich unterstützende Rolle, die nicht direkt in den Konflikt zwischen Alpha und Omega verwickelt ist, sondern aus einer unabhängigeren Position zu seiner Bearbeitung beitragen kann. Voraussetzung dafür, dies leisten zu können, ist die Anerkennung ihrer fachlichen Qualifikation durch die Alphaposition.

Die unterschiedlichen Positionen und die mit ihnen verbundenen Rollen werden keineswegs dauerhaft von einer Person besetzt, sondern können situationsspezifisch von wechselnden Personen eingenommen werden. Es muss also z. B. durchaus nicht *eine* dauerhafte Führungsperson in der Alphaposition geben, eine Gruppe wird ihre Aufgaben und Ziele aber besser erreichen können, wenn die Position besetzt ist. Umgekehrt werden Konflikte nicht dauerhaft dadurch behoben werden, dass jemand, der die Omegaposition einnimmt, aus der Gruppe ausgeschlossen wird, statt dass der zugrunde liegende Konflikt behandelt wird, weil diese Position dann mit hoher Wahrscheinlichkeit von jemand anders besetzt werden wird.

Das Modell macht deutlich, dass aus gruppendynamischer Sicht Verhaltensweisen und Aktionen von Einzelnen auf dem Hintergrund der Gruppe interpretiert werden müssen, sollen sie hinreichend verständlich gemacht werden. Rollenmodelle aus der Persönlichkeitspsychologie reichen daher nicht aus, um die folgenden Fragen zu beantworten: Wofür stehen die jeweiligen Positionsinhaber? Welche Funktion haben sie in der Gruppe? Was erledigen

5.2 Rollendifferenzierung in Gruppen

sie stellvertretend? Diese Fragen weisen über eine personalisierende Sicht hinaus.

Um noch einmal auf die Mindestausstattung einer Gruppe mit unterschiedlichen Rollen zurückzukommen: Damit eine Gruppe ihre Möglichkeiten und personalen Ressourcen optimal nutzen kann, um ihre (selbst) gesetzten Ziele besser zu erreichen, braucht es jemanden, der oder die initiativ wird, neue Ideen anstößt, bisheriges in Frage stellt und neue Konzepte einfordert. Es braucht Leute, die mitmachen, Gefolgschaft leisten und die Initiative loyal und engagiert unterstützen. Und es braucht jemanden, die oder der dagegenhält, kritisch gegenübersteht, sich nicht anschließt, sondern kompetent opponiert und die Antreiber dazu bringt, ihre Konzepte zu überprüfen.

Am Beispiel der Redaktionsgruppe zeigt sich: Hier fehlt diese letzte kritische Rolle, darum ist das Gefüge zwar stabil, aber auch wenig entwicklungsfähig. Alle verharren und erstarren in ihrem Muster, eine weitere Ausdifferenzierung ist nicht möglich, ebenso wenig ein gewisses Maß an Rollenflexibilität, das den Einzelnen erlaubt, auch andere Positionen und Funktionen in der Gruppe zu übernehmen. Erst Frau H. beginnt, das Muster zu stören und dadurch in Bewegung zu bringen – zur allgemeinen Irritation, aber auch zum Nutzen des ganzen Teams.

6. Was ist ein Gruppenprozess?

"Wie kann man Gruppenprozesse erkennen? Wie werde ich sensibel für Gruppenprozesse? Gruppen verändern sich, aber wie? Gibt es Regelmäßigkeiten? Wie kann man Gruppen steuern?"

6.1 Wie kann man Entwicklungen wahrnehmen?

Wir können an uns selbst wie auch in unserer sozialen Umgebung nur schwer Veränderungen wahrnehmen. Unsere Wahrnehmung ist auf Kontinuität und Beständigkeit ausgerichtet, und Veränderungen werden eher als beunruhigende Abweichungen vom gewohnten Zustand denn als (Weiter-)Entwicklungen des Bisherigen angesehen. Am einfachsten ist es noch, Veränderungsprozesse im Nachhinein zu rekonstruieren. So können die Teilnehmer einer längerfristigen gruppendynamischen Fortbildung nach eineinhalb Jahren feststellen, dass sich ihr Verhalten gegenüber anderen und Gruppen weiterentwickelt hat (Antons et al. 2004, bes. S. 347 ff.). Sie merken z. B., dass sie mehr Sicherheit und Souveränität im Umgang mit Konflikten gewonnen haben und dass sie sich besser in andere Gruppenmitglieder hineinversetzen können. Demgegenüber können sie sich in der konkreten Situationen immer noch als jemand erleben, der verunsichert ist, Angst hat und immer die „gleichen Fehler" macht. Ihr Lern- und Veränderungsprozess fällt ihnen erst auf, wenn sie ihn sich aus einer gewissen Distanz heraus vor Augen führen und die Verunsicherungen als notwendigen Teil der aktuellen Gruppensituation verstehen können. Im Hinblick auf die Wahrnehmung der Gruppenentwicklung ist das genauso. Im Rückblick markieren die Mitglieder eines Arbeitsteams, einer Trainingsgruppe, einer Freizeitgruppe Veränderungen, Wendepunkte und unterschiedliche Phasen ganz deutlich. Solange sie „drinstecken", werden die kritischen Punkte als chaotisch, zersetzend oder als Stillstand wahrgenommen.

6.1 Wie kann man Entwicklungen wahrnehmen?

Die jeweilige „soziale Repräsentanz" – das Idealbild einer „guten" Gruppe –, die jeder in Gruppen mitbringt, steuert die jeweilige Bewertung der dort ablaufenden Prozesse. Als „gute" (Arbeits-) Gruppen gelten demnach solche, die fest zusammenhalten („wie ein Mann"), in denen alle gleich sind und gleich behandelt werden und in denen ein angenehmes und konfliktarmes Klima herrscht. Für schlecht und unproduktiv werden Gruppen gehalten, die konfliktreich sind, in denen der Zusammenhalt in Frage steht und die Ungleichheit zwischen den Mitgliedern sichtbar wird. Wenn man solchen Vorstellungen anhängt, dann verwundert es nicht, dass Krisen, Konflikte sowie Zeiten der Orientierungslosigkeit als Störungen und Blockaden interpretiert werden und nicht als notwendige Abschnitte eines Entwicklungsprozesses.

Welche Brille kann man also aufsetzen, um Veränderungen in Gruppen wahrzunehmen? Es hat sich bewährt, Prozessverläufe auf einer bildhaften Ebene als Kurven mit verschiedenen Dimensionen anschaulich zu machen. Sie sind nicht als exakte Messungen, sondern als Bilder zu interpretieren. Als Koordinaten für die Kurven bieten sich folgende Dimensionen an:

- Spannung – Entspannung
- Harmonie – Konflikte
- Arbeitsfähigkeit (hoch – niedrig)
- Zufriedenheit – Unzufriedenheit der Gruppenmitglieder/Teilnehmer
- Fremdsteuerung – Selbststeuerung: Beziehung zur Leitung.

Abbildung 5 zeigt das Ergebnis einer Prozessauswertung am Ende eines gruppendynamischen Seminars. Die Kurve wurde von einer sechsköpfigen Teilgruppe erarbeitet, deren Mitglieder sich auf diesen Verlauf geeinigt hatten. Die Dimension war Spannung – Entspannung.

In der Rückschau konnten sich die Beteiligten auf einen markanten Verlauf einigen, mit benennbaren Wendepunkten und mit Spannungs- und Entspannungshöhepunkten. Die gemeinsame Kurve bedeutet nicht, dass es im Erleben keine individuellen Unterschiede gab und die Kurven der einzelnen Teilnehmerinnen keine besonderen Höhen und Tiefen aufzuweisen hatten. Schließlich sind nicht alle Mitglieder einer Gruppe zur gleichen Zeit auf die

6. *Was ist ein Gruppenprozess?*

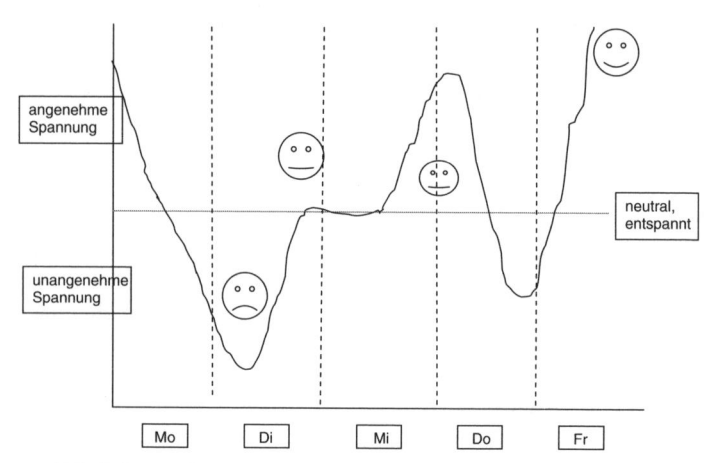

Abb. 5: Prozesskurve

gleiche Weise am Geschehen beteiligt, das würde eine weitgehende Gleichschaltung bedeuten. Die Verlaufskurve der Gruppe symbolisiert etwas anderes: den gemeinsam erlebten Gruppenprozess. Mit diesem Bild konnten sich alle identifizieren. In der Kurve wird eine Woche in der Trainingsgruppe abgebildet mit Krisen, Höhen und Tiefen, Chaos und Klärung, konzentriertem Arbeiten und langen, aufreibenden Diskussionen über die Vorgehensweise.

6.2 Die Entwicklung von Integration und Differenzierung

Nicht nur die Gruppenprozesse in Trainingsgruppen, auch die in Teams und länger zusammenarbeitenden Gruppen verlaufen in aller Regel nicht gleichförmig. Es finden sich Wendepunkte, Höheund Tiefpunkte, Krisen und Sternstunden etc. Das Augenscheinliche an dieser und anderen Verlaufskurven ist, dass Gruppen sich offensichtlich nicht linear und geradlinig zu mehr Zusammenhalt, zu mehr Arbeitsfähigkeit, zu mehr Differenzierung, zu größerer Entspannung und Sicherheit entwickeln, sondern einen Zickzackkurs zwischen den verschiedenen Polen einschlagen. Eine Entwicklung in die Richtung des einen Pols scheint Gegenkräfte zu aktivie-

6.2 Die Entwicklung von Integration und Differenzierung

ren, die eine Wende herbeiführen und das Pendel in die andere Richtung ausschlagen lassen.

In einer Ausbildungsgruppe herrschte die allgemein geteilte Meinung, dass man sich sehr gut verstehe und bei aller Unterschiedlichkeit – z. B. des Alters – eine sehr homogene Gruppe sei. Das sehe man daran, dass auch in der Freizeit viel mit einander unternommen werde, alle am Abend zusammensäßen, niemand sich ausschließe und eigentlich jeder mit jedem über alles reden könne. Das sei toll, und die meisten sagten, sie hätten noch nie so eine Gruppe erlebt.

Bei der Planung der nächsten Arbeitsschritte wurde nach einer Lösung gesucht, die alle mittragen konnten. Die selbst gestellte Aufgabe war, sich gegenseitig über das Verhalten in der Gruppe Feedback zu geben. Hier äußerte eine Teilnehmerin, dass sie kein Feedback haben wolle, weil sie erst kürzlich in einem anderen Zusammenhang damit schlechte Erfahrungen gemacht habe. Es sei ein Konflikt aufgebrochen, der lange nicht geklärt werden konnte. Sie wolle jedoch den anderen, wenn sie es wünschen, Feedback geben. Es wurde lange diskutiert, ob sich jemand ausschließen dürfe, ob jemand Feedback geben könne, ohne welches zu bekommen. Für die „homogene" Gruppe war das ein erster, unerwarteter und bedrohlicher Konflikt. Erst langsam fand die Meinung der „Störerin" Rückhalt bei einigen anderen, und es wurde ein Weg gefunden, die Aufgabe zu bewältigen und das Gleichheitsgebot so weit zu lockern, dass alle mitarbeiten konnten und niemand den Raum verlassen musste.

In der Gruppe waren die integrierenden Kräfte durch einige wichtige Gruppenmitglieder zunächst sehr stark vertreten, und die Beschwörung der Gemeinsamkeit und des Zusammenhalts nahm eine Intensität an, dass man sich um den eigenen Spielraum und die eigene Entscheidungsfreiheit mehr und mehr sorgen musste. Da trat – an einer relativ zufälligen Stelle – über die „Störende" die Gegenkraft in Erscheinung: Nicht alle müssen das Gleiche wollen. Es dauerte lange, bis dies den Freiraum der Gruppe erweitern konnte, fast wäre die „Störende" ausgeschlossen worden. Im Nachhinein interpretieren die Beteiligten diesen Vorfall als wichtigen Entwicklungsschritt, ohne den die Gruppe in ihrer „Homogenität" erstarrt wäre. In der Situation selbst stöhnten sie aber über die Sturheit der jeweils anderen und darüber, dass wegen der mühsamen Auseinandersetzung nichts vorwärts gehe.

6. Was ist ein Gruppenprozess?

Die Idee von Kräften und Gegenkräften, die aus der Dynamik einer Gruppe entstehen bzw. die zusammen die Dynamik einer Gruppe ausmachen, stammt aus der Feldtheorie Kurt Lewins (1982). Demnach lassen sich Gruppenprozesse als ein Pendeln zwischen unterschiedlichen Polen beschreiben. Von zentraler Bedeutung ist dabei die Dimension Integration und Differenzierung.

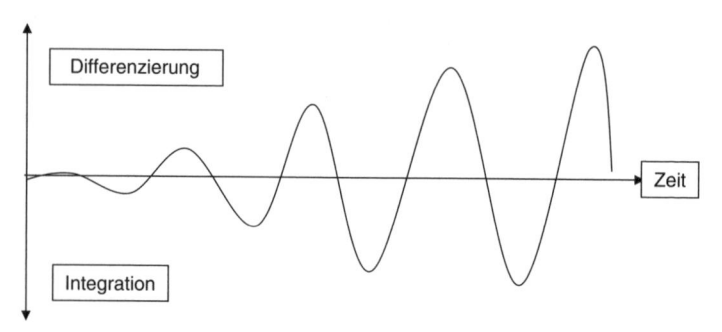

Abb. 6: Differenzierung und Integration

Der Pol Integration bezeichnet die Situationen im Gruppenverlauf, in denen die zentripetalen Kräfte wirksam sind (Gemeinsamkeiten, Ähnlichkeiten, gleiche Erlebnisse, gleiche Sichtweisen) und einen hohen Zusammenhalt schaffen. Die zentrifugalen Kräfte werden durch den Pol Differenzierung bezeichnet. Ein gelingender Gruppenprozess führt nach diesem Modell nicht ausschließlich zu einer verstärkten Integration und Kohäsion der Gruppe, sondern auch zu einer stärkeren Differenzierung. Unterschiede können zugelassen und sich ergänzende Rollen ausgebildet, Spannungen und gegensätzlichen Meinungen ausgehalten werden usw. Die grundlegende Annahme dieses Modells ist es, dass Gruppen aller Art sich dann weiterentwickeln, wenn größere Ausschläge in beide Richtungen, also mehr Integration *und* mehr Differenzierung gleichermaßen, möglich werden. Das zeigt sich z. B. daran, dass die Handlungsoptionen für die Einzelnen und die Gruppe als Ganzes vielfältiger werden und der Spielraum größer. Gruppen, die sich nur in Richtung Integration entwickeln, sind vom „Wärmetod" bedroht.

6.2 Die Entwicklung von Integration und Differenzierung

Differenzierende Ereignisse bedrohen eine Gruppe in anderer Weise, denn sie stellen ihren Zusammenhalt in Frage. Konflikte machen das Trennende sichtbar und spürbar, das, was für Distanz zwischen den Beteiligten sorgt, sowie die sozial weniger akzeptierten Seiten der Einzelnen und der Gruppe. Die Einsicht in diese Dynamik wiederum ermöglicht neue Perspektiven hinsichtlich der Bewertung von Störungen, Konflikten, Blockaden etc. Sie bekommen eine wichtige Funktion für die Entwicklung der Gruppe und müssen nicht mehr vorrangig als Ausdruck des Scheiterns der Leitung oder der Gruppenmitglieder angesehen werden. Wenn sich die Beteiligten ihrer Bewältigung stellen, dann wird jede Krise zu einem Signal, das gegenläufige Aktivitäten in Gang setzt. Eine zentrale Kompetenz für die Leitung von Gruppen besteht im produktiven Umgang mit solchen Spannungen. Damit Spannungen und Krisen die Entwicklung befördern, sollte die Gruppenleitung Konflikte und Spannungen weder vorzeitig entschärfen, noch sie übermäßig eskalieren lassen. D. h., sie dürfen nicht zu früh oder zu spät angesprochen und aufgedeckt und damit auch entspannt werden, damit die jeweiligen Gegenkräfte nicht zu früh oder zu spät zur Wirkung gebracht werden. Keinesfalls sollte man als Gruppenleitung einseitig auf einen maximalen Zusammenhalt und die Integration hinarbeiten, sondern auch im Dienste der Differenzierung aktiv werden.

> Da die „Störende" im oben beschriebenen Beispiel Gefahr lief, dem Gruppendruck nachzugeben, sich anzupassen oder auszusteigen, war eine Intervention seitens des Trainers notwendig, die erst einmal die Spannung erhöhte und den bestehenden Konflikt richtig sichtbar machte. Die Intervention bestand darin, die Unvereinbarkeit der Meinungen anzusprechen und die Störende dabei zu unterstützen, nicht einfach nachzugeben oder sich aus der Gruppe werfen zu lassen. Diese Intervention durfte nicht zu früh erfolgen, denn das hätte die Betroffene eventuell als Eingriff in ihre Autonomie und die Gruppenmitglieder als ungerechtfertigte Parteinahme empfunden. Sie durfte aber auch nicht zu spät erfolgen, denn dann hätten alle ihre Konsequenzen bereits gezogen, und der Konflikt wäre kaum mehr bearbeitbar gewesen.

Eine weitere Annahme dieses Gruppenentwicklungsmodells geht davon aus, dass nicht nur Individuen, sondern auch Gruppen aus ihren Erfahrungen lernen und darauf aufbauen können. Konflikte, die schon einmal bearbeitet wurden, werden dann bei erneutem Auftauchen kompetenter angegangen und auf einem anderen Niveau bearbeitet.

6.3 Phasen der Gruppenentwicklung

In Prozessbeschreibungen von Gruppen ist die Unterscheidung verschiedener Entwicklungsphasen gebräuchlich. Die Entwicklung von Gruppen wird dabei mehr oder weniger explizit mit der menschlichen Entwicklung verglichen. Gruppen würden ebenso heranwachsen und hätten auf jeder Stufe der Entwicklung typische Konflikte und Probleme zu bearbeiten, ohne deren Bewältigung ihr weiterer Weg beeinträchtigt oder ganz verunmöglicht wäre. Die idealtypischen Lösungen der Aufgaben in den verschiedenen Phasen werden als „Maßstab" an den Gruppenprozess angelegt mit dem Ziel, seinen jeweiligen Entwicklungsstand zu erfassen.

Es gibt verschiedene gruppendynamische Prozessmodelle von Gruppen, die sich in dem Aspekt der Entwicklung unterscheiden, den sie in den Vordergrund stellen. Das Modell von Bennis und Shepard (1972, 270 ff.) bezieht sich beispielsweise auf unterschiedliche Formen der Auseinandersetzung mit der (Leitungs-) Autorität: Über die Stadien der Abhängigkeit von der Leitung, der Gegenabhängigkeit und der Unabhängigkeit kommt es schließlich zu einem Stadium der Anerkennung von wechselseitiger Abhängigkeit, das als der „reifste" Zustand einer Gruppe und ihres Verhältnisses zur Autorität angesehen wird. Das Modell von Miles (1965) stellt hingegen den Wechsel von Stabilität und Veränderung in den Vordergrund, in der jeweils neues Verhalten ausprobiert und etabliert wird. Bions Modell (2001) sieht den Gruppenprozess wiederum von verschiedenen unbewussten Annahmen bzw. emotionalen Zuständen bestimmt, die sich stetig abwechseln. Das „kybernetische Wachstumsmodell" des Soziologen Mills (1974) schließlich ist eine der ersten systemischen Konzepte der Gruppenentwicklung. Es beschreibt unterschiedliche aufeinander aufbauende Rollensysteme, die eine Gruppe immer handlungs- und selbststeuerungsfähiger machen und die sich die Mitglieder aneig-

6.3 Phasen der Gruppenentwicklung

nen müssen (ausführlicher zu Prozessmodellen vgl. Antons 2000, S. 212 ff.; Majce-Egger 1999, bes. S. 95 ff.; Schattenhofer 2006). Bei all diesen Phasenmodellen entsteht der Eindruck, dass sich Gruppen linear entwickeln und in ihrem Prozess berechenbar und vorhersagbar sind. Veranschaulichungen wie die bekannte Teamuhr nach Tuckmann (1965), dessen Phasen zudem so eingänglich formuliert sind (forming, storming, norming, performing), legen solche Schlüsse nahe, denn eine Uhr läuft gleichmäßig und im Zeittakt. Dieses Bild führt in die Irre, denn empirisch lässt sich eine solche immer gleiche Abfolge verschiedener Phasen nicht nachweisen. Die jeweilige Entwicklungsdynamik einer Gruppe ist zu sehr von den äußeren Rahmenbedingungen und der jeweiligen Aufgabe abhängig. Zudem weisen solche Modellbildungen das grundsätzliche Problem auf, dass sich zwar aus dem Besonderen des Einzelfalles das Allgemeine herausarbeiten lässt, der Einzelfall sich aber nicht aus dem allgemeinen Modell ableiten lässt. Dennoch haben die Modelle einen heuristischen Wert: Sie strukturieren die Wahrnehmung und reduzieren die Komplexität bei der Diagnose von Gruppensituationen. Mit ihrer Hilfe lassen sich idealtypisch unterschiedliche Gruppenzustände erfassen, die mit signifikant unterschiedlichen Verhaltensweisen und Gefühlslagen verbunden sind und die jeweils andere Reaktionsweisen erforderlich machen. Setzt man sie jedoch prognostisch ein, dann werden sie normativ.

In der folgenden Tabelle 1 stellen wir ein Modell vor mit den fünf Prozessphasen Orientierung, Positions- und Rollenklärung, Vertrautheit und Konsolidierung, Differenzierung, Abschluss. In die Formulierung der einzelnen Phasen sind Elemente aus den genannten Modellen eingegangen. Um den heuristischen und orientierende Wert zu erhöhen, wird in der Tabelle zwischen der Situation der Gruppe, den einzelnen Mitgliedern und der Leitung unterschieden. Jede Phase wird entweder dem Pol der Integration oder der Differenzierung zugeordnet, damit ist hervorgehoben, dass ein idealtypischer Ablauf dem stetigen Pendeln zwischen den beiden Polen entspräche.

6. Was ist ein Gruppenprozess?

Phase	Anfangs- und Orientierungsphase	Phase der Positions- und Rollenklärung
Situation und Aufgaben der Gruppe	Viele Entscheidungen stehen an, aber die Gruppe kann noch keine Entscheidungen treffen; einige aktive, erfahrene Mitglieder übernehmen die Führung – es ist aber schwer, ihnen zu folgen, oder man folgt ihnen nur scheinbar; Phase der „Scheinkooperation". Wer gehört dazu, wer nicht? Möglichst viel Klärung und Orientierung, ohne sich einzuschränken; gegenseitiges Kennenlernen, Selbstdarstellung, Probeaktionen ermöglichen. **Pol: Integration**	Viele Vorschläge zum Vorgehen, aber keine Entscheidung; lange Diskussionen; Unzufriedenheit, Unruhe; Leitung soll entscheiden; steigende Aggressivität; verdeckte Angriffe untereinander, offene eher gegen die Leitung; Widerstand. Eine vorläufige, keine zu starre informelle Ordnung hervorbringen; erste Rollen und Positionen ausbilden; Rückmeldungen und Reaktionen aufeinander zulassen; jeder findet einen Platz; stabiler Rahmen erleichtert Auseinandersetzung. **Pol: Differenzierung**
Situation und Fragen des Einzelnen	Unsicherheit den anderen und der Gruppe gegenüber; Hemmung, etwas zu sagen oder zu tun; Neugier auf die anderen; Chance auf einen neuen Anfang und eine neue Rolle; die Leitung soll alle Fragen beantworten und Klarheit schaffen. Werde ich in die Gruppe aufgenommen, und will ich das? Worauf kommt es hier an? Bin ich den Anforderungen gewachsen?	Anspannung, Enttäuschung, dass niemand auf die eigenen Vorschläge eingeht; wiederholte Versuche, sich verständlich zu machen; Überzeugung, die richtige Lösung zu kennen; raushalten oder sich einmischen? Leitung unterstützt zu wenig. Kann ich Einfluss nehmen? Wer vertraut mir, wer folgt mir? Mit wem kann ich mich verbünden? An wem orientiere ich mich? Wie ist mein Freiraum?
Anforderungen an die Einzelnen	Kontakt zu den anderen aufnehmen; sich vorstellen und als potentieller Kooperationspartner darstellen; nicht zu viel Raum einnehmen; den Anfang gestalten.	Position beziehen; eine Meinung vertreten, auch wenn sie nicht auf positive Resonanz stößt; Interessen, Wünsche, Befürchtungen transparent machen; Spannung aushalten.
Situation, Fragen und Aufgaben der Leitung	Großer Druck, es allen recht machen zu müssen; Versuchung, alles selbst in die Hand zu nehmen; auch die Leitung ist neu in dieser Gruppe und will sich in Ruhe orientieren; Überforderung; Angst, etwas zu übersehen. Werde ich als Leitung akzeptiert? Kann ich die Erwartungen erfüllen und dem Druck standhalten, nicht auf alles gleich eine Antwort zu wissen und zu geben? Den Anfang gestalten; die Gruppenmitglieder in die Verantwortung nehmen; dem Druck und der Unzufriedenheit standhalten.	Spannungsreiche Situation, hin und her gerissen zwischen Sichbehaupten und Nachgeben; widersprüchliche Erwartungen nehmen zu; Antworten auf Fragen befriedigen; TeilnehmerInnen leiten mit; Vorschläge der Leitung bleiben nicht unwidersprochen. Habe ich die Leitung? Mache ich alles richtig? Darf ich mich von Mitgliedern unterstützen lassen? Muss ich neutral sein? Bin ich der Aufgabe gewachsen? Konflikte nicht unterdrücken oder wegstrukturieren; auf Kritik oder Aggressionen reagieren; Auseinandersetzung fördern; zwischen persönlichen und rollenbezogenen Angriffen unterscheiden.

6.3 Phasen der Gruppenentwicklung

Phase der Vertrautheit, Konsolidierung	Phase der Differenzierung	Phase der Trennung und des Abschieds
Die Situation hat sich entspannt, man kann länger an einer Sache arbeiten; viel Rücksicht und vorsichtiger Umgang miteinander; mehr gegenseitige Unterstützung; „alles gemeinsam machen"; die Flitterwochen der Gruppe; Begeisterung; den Frieden nicht in Frage stellen. Gemeinsamkeiten erarbeiten, Verbindendes sichtbar machen; tieferes gegenseitiges Verstehen; Normen auf Funktionalität hin untersuchen; Spielraum schaffen, nicht zu viel regeln. **Pol: Integration**	Erhöhte Entscheidungs- und Arbeitsfähigkeit; abweichende Meinungen werden gehört; viele Aspekte werden bei einer Entscheidung berücksichtigt; Führung durch die Gruppe, großes Selbststeuerungspotential; Feedback nimmt zu; Regeln können angepasst werden; Ausgleich zwischen „Geben und Nehmen". Regelmäßige Reflexion auf der Ebene fachlicher Ziele und der Zusammenarbeit; Entwicklung neuer Ziele. **Pol: Differenzierung**	Erneute Krisen, nicht alle wollen aufhören, nicht alle weitermachen; Unterschiede in der Verbundenheit werden deutlich; ambivalente Gefühle und Flucht vor Trauer und Abschied; „Rückfälle" in frühere Zustände und Konflikte. Bilanz auf sachlicher und sozialer Ebene, individuell und gruppal; Darstellung und Würdigung von Ergebnissen und Versäumnissen. **Pol: Integration**
Einladung und Druck, sich den anderen anzuschließen; „Duzen"; man fühlt sich sicherer; kann Kritik besser annehmen und aussprechen; man will den Frieden nicht stören; bisher abgelehnte Mitglieder werden angenommen; Leitung ist leichter zu akzeptieren. Wie kann ich genügend Distanz halten? Darf ich mich auch mal absondern und eigene Wege gehen? Wie groß ist mein Spielraum?	Mehr Spielraum; die persönlichen Anliegen dürfen ein Rolle spielen und sind leichter zu verwirklichen; die anderen dürfen ihre Eigenarten haben; die eigenen sind leichter zu zeigen; kann mehr darauf vertrauen, Rückmeldung zu bekommen; es ist schön dazuzugehören; die Leitung ist nicht mehr so wichtig, sie unterstützt und berät; man weiß, woran man bei ihr ist.	Trauer und Freude über den kommenden Abschied; Gruppe verliert an Bedeutung; Neuorientierung. Bilanzfragen: zufrieden oder unzufrieden? Mein Beitrag zur Gruppe? Was nehme ich mit, was möchte ich vergessen? Was ist noch zu klären? Mit wem möchte ich weiter zu tun haben, mit wem nicht?
Nähe aushalten; mitmachen, sich einfügen ohne Angst, die Individualität zu verlieren; dem Anpassungsdruck widerstehen; sich trauen, dem Zustand zu misstrauen; auf offene Fragen achten.	Durchhalten, weitermachen; die Experimentierfreude nicht verlieren, neue Aufgaben, Rollen ausprobieren; kollegiale Führung übernehmen.	Trauern, sich trennen können; sich neu orientieren; von alten Geschichten ablassen können; Offenes ansprechen, ohne alles Versäumte nachholen zu müssen.
Distanz wahren können; den Rahmen aufrechterhalten; Ziele nicht beliebig erweitern und verändern; nicht zu hilfreich und unersetzlich sein oder werden; sich trauen gegenzusteuern, auf vermiedene Konflikte achten.	Verantwortung übertragen; Selbststeuerung fördern und einfordern; auf das Potential der Gruppe nicht für unersetzlich halten; sich nicht abwenden, weiterhin der Gruppe Zeit und Interesse widmen.	Den Abschied gestalten; für die Aufarbeitung der Reste sorgen und Offenes abschließen; nichts Neues anfangen; den Abschied von der Gruppe und den Einzelnen gestalten.

7. Gruppendynamische Arbeitsformen und -designs

> „Wie sieht ein gruppendynamisches Training aus?
> Welche unterschiedlichen Formen gibt es?"

7.1 Das gruppendynamische Training als Lernort

Nach dem frühen Tod von Kurt Lewin haben seine MitarbeiterInnen die T-Gruppe kontinuierlich weiterentwickelt und ausdifferenziert. Die Grundidee jedoch hat sich erhalten, nämlich ein Lernumfeld zu schaffen, in dem eine oder mehrere Gruppen für eine Zeitspanne von mindestens einer Woche ihre eigenen Erfahrungen als Gruppe untersuchen, um daraus etwas über die Dynamik von Gruppen zu lernen sowie darüber, wie sich der Einzelne in dieser Dynamik bewegt bzw. sie mitgestaltet. Anders als bei herkömmlichen Lernprozessen, in denen LehrerInnen den SchülernInnen Wissen präsentieren und letztere Konsumenten des Wissens sind, sind die TeilnehmerInnen in einem gruppendynamischen Training Lernende und Lehrende zugleich. Zwar werden sie in ihrem Lernprozess von einem Trainer oder einer Trainerin begleitet, und diese können ihnen auch Wissen im herkömmlichen Sinne präsentieren, wenn es für das Verständnis der Situation im Hier und Jetzt hilfreich ist. Doch die TrainerInnen folgen dabei immer dem Geschehen in der Gruppe und den Selbststeuerungsbewegungen der TeilnehmerInnen. Zugleich sorgen sie dafür, dass die Gruppe die Klippen der Selbststeuerung in einer Weise umsegeln kann, die für ihren Lernprozess hilfreich ist. Damit ein solches Lernen möglich ist, braucht es einen stabilen Rahmen, und es ist die erste Aufgabe der TrainerInnen, diesen Rahmen zu schaffen und für die Zeit des Lernens aufrechtzuerhalten.

Ein großer Teil dieses Rahmens ist schon in der Ausschreibung eines gruppendynamischen Trainings enthalten:

- Ort und Dauer der Veranstaltung
- die durchführenden und mitarbeitenden Trainer und Trainerinnen

7.1 Das gruppendynamische Training als Lernort

- die angebotenen Lernformen (Plenum, Großgruppe, eine oder mehrere T-Gruppen, Arbeitsgruppen, eventuell Intergruppen, Reflexionsgruppen, gegebenenfalls Übungen, Planspiele, Rollenspiele etc.)
- die möglichen Zielgruppen des Trainings
- realistische Lernziele
- gegebenenfalls ein besonderer thematischer Fokus
- die mögliche Verankerung in weiter gehende Ausbildungsgänge
- die anfallenden Kosten.

Die Kenntnis dieser Rahmenbedingungen und ihre Beachtung ist für einen Kontrakt zwischen TeilnehmerInnen und TrainerInnen über den gemeinsamen Arbeits- und Lernzusammenhang unabdingbar. Der Kontrakt stellt einen institutionellen Rahmen dar und markiert mit dem von ihm gesetzten Arbeits-Setting die Grenzen zum Außen einer Gruppe. Dies erst ermöglicht es, dass sich die sozialen Prozesse und damit der angezielte experimentelle Lern- und Erfahrungsraum in einer Gruppe jenseits alltäglicher Höflichkeitsrituale und moralischer Bewertungen entfalten können. In einem gruppendynamischen Training werden aber die Grenzen nicht nur gesetzt, sondern sie können, abweichend von anderen Bildungsveranstaltungen, auch selber Gegenstand der Untersuchung werden. Damit dies möglich ist, werden sie von den TrainerInnen deutlich markiert.

Die Mindestgröße eines gruppendynamischen Trainings sollte die Anzahl von 14 TeilnehmerInnen nicht unterschreiten, damit noch eine Aufteilung in zwei Gruppen möglich ist. Jede dieser Gruppen sollte groß genug sein, um eine ausreichende interne Differenzierung zu ermöglichen. Gegenüber der Arbeit mit nur einer Gruppe eröffnet die Einteilung in zwei Gruppen zusätzliche Lernfelder, vor allem das Erleben und Verstehen von Gruppenbildungs- und Intergruppenprozessen sowie die Möglichkeit des Vergleichs der beiden Gruppen.

Eine häufige Größe für ein gruppendynamisches Seminar sind 14–30 TeilnehmerInnen, die sich in zwei bis drei Gruppen aufteilen lassen. Nach einer Anfangs- und Kennenlernphase werden die TeilnehmerInnen aufgefordert, diese Teilung vorzunehmen. Bei einer Aufteilung in zwei Gruppen ergibt dies z. B. eine minimale Größe von sieben und eine maximale Größe von 15 TeilnehmerInnen. Eine T-Gruppe sollte die Größe von 15 TeilnehmerIn-

7. Gruppendynamische Arbeitsformen und -designs

nen nicht überschreiten. Besonders geeignet ist die Anzahl zwölf, weil sie sich in eine maximale Zahl von Subgruppen aufteilen lässt (2 × 6, 3 × 4, 4 × 3, 6 × 2). Für die Gruppenteilung werden drei Kriterien vorgegeben:

- Die Gruppen sollen gleich groß sein.
- Die Geschlechter sollen möglichst gleich verteilt sein.
- Es soll vermieden werden, mit jemandem in die Gruppe zu gehen, den man aus einem privaten oder beruflichen Kontext kennt.

Vor allem an Größe und Geschlechterverteilung entzünden sich bei der Aufteilung in Subgruppen häufig Konflikte, wenn keine Lösung gefunden wird, die für alle befriedigend ist. Die Trainer achten auf die Einhaltung der oben genannten Regeln nicht nur, weil so ein für alle Gruppen vergleichbares Lernfeld geschaffen wird, sondern auch, weil sich hierbei der Umgang mit Regeln zeigt und die Entscheidungsprozesse sichtbar werden, die es braucht, wenn man diese Regeln im gegenseitigen Einverständnis verändern will, ohne dass es dabei Gewinner und Verlierer gibt.

Tab. 2: Design eines gruppendynamischen Trainings nach dem T-Gruppen-Modell

	Montag	Dienstag	Mittwoch	Donnerstag	Freitag
9.00– 10.30	Anreise	TG 2	TG 5	TG 8	Auswertung in den TGs
11.00– 12.30	Plenum 1 Eröffnung Kennenlernen	TG 3	TG 6	TG 9	Plenum 6 Auswertung und Schluss
16.00– 18.00	Plenum 2 Bildung der TGs und Trainerwahl	Plenum 3 (AG, RG)	Plenum 4 (AG, RG)	Plenum 5 (AG, RG)	Abreise
19.00– 20.30	TG 1	TG 4	TG 7	TG 10	

Die zwei oder drei gebildeten T-Gruppen bilden den Hauptlernort eines Trainings, bleiben aber durch das Plenum bzw. dort initiierte Arbeits- oder Reflexionsgruppen (AG, RG) miteinander verbunden. Das Plenum kann als eigenständige Großgruppe gestaltet werden, dazu später mehr. Es kann auch dazu genutzt werden, gezielt den Prozess der T-Gruppen zu befördern, ihre jeweilige Dynamik zu vergleichen und das Verständnis der erlebten Prozesse kognitiv zu vertiefen. Das Design eines Trainings sieht dann etwa wie in Tabelle 2 aus.

7.2 Wie funktioniert ein gruppendynamisches Design?

Das grundlegende Ziel eines gruppendynamischen Designs ist es, zu ermöglichen, im aktuellen Gruppenprozess das zu erleben, was Gegenstand des Lernens ist. Ein Design bezeichnet dabei den Aufbau der Lernformen, innerhalb deren sich der Lern- und Entwicklungsprozess entfalten kann. Dieser Aufbau folgt den Zielen eines Seminars und basiert auf Erfahrungswerten hinsichtlich der Frage, in welchen Formen diese Ziele erreicht werden können. Zugleich zeichnet sich ein gruppendynamisches Design dadurch aus, dass es innerhalb eines festen Rahmens den entstehenden Prozessen genügend Raum gibt, sich zu entfalten. In einem Design wird also das Verhältnis zwischen der Selbststeuerung der TeilnehmerInnen und der Fremdsteuerung durch die TrainerInnen organisiert. Im Falle der vorgestellten Designs heißt das, dass die Lernzeiten und -formen (z. B. Plenum, TG, AG, RG, Auswertung, Transfer) festliegen, dass sich aber innerhalb dieser Formen der Selbststeuerungsprozess entfalten kann.

In jedem Design sind Vorentscheidungen enthalten, die das spätere Geschehen mitbestimmen. Ein Teil dieser Entscheidungen ist dem Training vorgelagert und findet seinen Ausdruck in der Ausschreibung. Ein anderer Teil ist Gegenstand der Arbeit des Leitungsteams, des gruppendynamischen Staffs, während des Trainings. Gruppendynamiker bezeichnen dies als ein rollendes Design oder rollende Planung. So weiß der Staff zwar in dem vorgestellten T-Gruppen-Modell, dass die Nachmittagssitzungen im Plenum stattfinden werden. Ob dieses Plenum aber strukturiert durchgeführt wird oder nicht und in welcher Form es gegebenenfalls strukturiert wird, das entscheidet der Staff erst im Verlauf der Arbeit. Ein Design ist dann gut auf die Möglichkeiten der TeilnehmerInnen abgestimmt, wenn es genügend Sicherheit zum Lernen und zum Experimentieren gibt und zugleich dazu herausfordert, das eigene Lernen und das Lernen der Gruppe selbst zu steuern.

7.3 Die Abenteuer der Trainingsgruppe

Der zentrale Lernort eines gruppendynamischen Trainings ist die Trainingsgruppe, kurz T-Gruppe oder TG genannt. Nach ihrer Bildung zu Anfang eines Trainings kann der Staff entscheiden, ob er der Gruppe auch noch die Aufgabe stellt, sich für ein Trainerpaar zu entscheiden. Die bei der Erfüllung dieser Aufgaben gemachten individuellen und gruppalen Erfahrungen schaffen der Gruppe das initiale Material, über das sie sich austauschen und dadurch überhaupt als Gruppe konstituieren kann. Die TeilnehmerInnen einer so gebildeten TG stellen den Idealtypus einer selbstreflexiven Gruppe dar und stehen nun vor einer dreifachen Aufgabe (Heintel 2006).

1. Die TeilnehmerInnen müssen überhaupt erst einmal das Material produzieren und bereitstellen, das sie als Gruppe ausmacht und das sie untersuchen können.

Zu Anfang einer T-Gruppe herrscht häufig eine gewisse Ratlosigkeit, was denn nun zu tun sei. Von den Trainern scheint nicht viel zu erwarten zu sein, sie haben vielmehr nur begründet, warum sie nichts sagen und tun. So ganz verstanden hat man das nicht, aber die werden schon wissen, was sie tun. Vielleicht gibt der Gruppenbildungsprozess genügend Material her, um darüber zu reden. Gibt es TeilnehmerInnen, die schon Erfahrung mit dem Verfahren haben, dann gehen diese manchmal voran. Selbst dann stellt sich aber die Frage, ob ihnen die anderen den Raum so einfach überlassen. Wenn schon die TrainerInnen nicht leiten, dann soll es erst recht niemand der Teilnehmenden. Vielleicht hilft es ja, wenn man sich auf ein Thema verständigt, ein beliebtes Anfangsritual einer T-Gruppe. Häufig ohne es zu wissen, schaffen sich die TeilnehmerInnen durch diesen Suchprozess das Material, das sie im Weiteren bearbeiten können. Und dies wiederum ergibt neues Material usw. Die Entdeckung des gruppendynamischen Raumes bedeutet für viele einen richtiggehenden Erkenntnissprung, wenn sie realisieren, dass diese Auseinandersetzungen das Lernfeld einer T-Gruppe schon längst eröffnet haben, auch wenn manche noch danach fragen, wann es denn endlich losgeht.

7.3 Die Abenteuer der Trainingsgruppe

2. Die TeilnehmerInnen müssen sich den auftauchenden Gefühlen öffnen und gleichzeitig genügend Abstand finden, um sie dem Verstehen zugänglich machen zu können.

Schon die Tatsache, dass die TrainerInnen nach einem kurzen Anfangsstatement nicht das Erwartete tun, löst bei vielen starke Gefühle aus. Unter dem Druck, eine Situation gestalten zu müssen, deren Regeln man nicht kennt, steigt schon bald das Emotionsniveau, auch wenn zumeist alle damit beschäftigt sind, dies nicht zu zeigen, sondern sich bedeckt halten. Erst mit der Entscheidung, diese Gefühle Schritt für Schritt öffentlich zu machen und damit zwischen Engagement und Distanzierung zu wechseln, betreten die TeilnehmerInnen die Welt der T-Gruppe. Die Vielfalt der individuellen Reaktionsmuster bezüglich der gemeinsam erlebten Situation eröffnet den Blick auf das, was eine Gruppe ausmacht, und auf den eigenen Anteil daran.

3. Die TeilnehmerInnen müssen sich der Intensität der entstehenden Beziehungen aussetzen, während sie gleichzeitig wissen, dass ihr Ende absehbar ist.

Aus der gegenseitigen Selbstoffenbarung hinsichtlich der erlebten Gefühle in der gemeinsamen Situation entstehen sehr viel schneller als im Alltag dichte Beziehungen. Es entwickeln sich Sympathien und Antipathien, und es entfalten sich die individuellen Muster der Beziehungsgestaltung. Um etwas über mich und die anderen zu lernen, muss ich bereit sein, mich diesen Beziehungen auszusetzen, obwohl ich weiß, dass sie von vornherein zeitlich begrenzt sind. Dies schafft einerseits einen Freiraum, in dem ich experimentieren kann, gerade weil mir die zeitliche Begrenztheit der Beziehung klar ist. Andererseits stellt sich die Frage, wie viel ich auf dem Hintergrund dieser Begrenzung bereit bin zu investieren.

An der Art, wie TeilnehmerInnen diese drei Aufgaben gestalten und sich an ihnen abarbeiten, entscheidet sich, ob und wie weit sie die T-Gruppe für sich als Lernfeld annehmen und gestalten können.

7.4 Warum große Gruppen Angst machen und wie man damit umgehen kann

Das Plenum stellt einen weiteren zentralen Lernort in einem Training dar. Im Plenum kommen alle Beteiligten zusammen und lassen damit das Training als zeitlich begrenzte Organisation lebendig werden. Vor allem aber ist das Plenum eine große Gruppe. Das Erleben ihrer Größe wird noch gesteigert durch den Kontrast zur T-Gruppe oder zu kleineren Arbeitsgruppen von drei bis vier Personen. Der Umgang mit der Größe stellt für die meisten TeilnehmerInnen eine eigene Herausforderung dar und kann Angst auslösen (Kreeger 1977). In der Unberechenbarkeit einer großen Gruppe ist es schwierig, sich als abgegrenzte Person zu erleben und handlungsfähig zu bleiben. Da ist es schon ein erster mutiger Schritt, in einem solchen Kreis seine Stimme zu erheben.

Die Möglichkeiten, das Plenum innerhalb eines Trainings zu gestalten, lassen sich unterscheiden nach ihrem Umgang mit diesen Ängsten, insbesondere nach dem Ausmaß, wie das Plenum geleitet wird. Am einen Ende des Spektrums stehen *hoch strukturierte* Formen. Sie sind häufig das Mittel der Wahl zu Beginn eines Trainings, will man die Unsicherheit des Kennenlernens rahmen. Zum Beispiel bekommen die TeilnehmerInnen eine Aufgabe, die sie in kleineren Gruppen bearbeiten. Gegebenenfalls können sie die Ergebnisse im Plenum vorstellen. Solche Arbeitsformen können im weiteren Verlauf auch der kognitiven Vertiefung dienen und durch kurze Inputs der TrainerInnen ergänzt werden. Bildet man Arbeitsgruppen als Verschnittgruppen aus den beiden T-Gruppen, um Auswertungsfragen zu bearbeiten, kann durch den so möglich werdenden Vergleich das Typische von Gruppen und ihren Prozessen herausgearbeitet werden.

Neben diesen auf die Auswertung des Prozesses zielenden Formen gibt es solche, die den laufenden Prozess in den T-Gruppen anregen und befördern sollen. Das Plenum wird zu einem Ort der Intergruppenübung, an dem die T-Gruppen miteinander in den Austausch treten, indem sie das Geschehen in ihrer jeweiligen Gruppe darstellen und Rückmeldungen dazu bekommen. Hier ist ein Raum gegeben für die ganze Vielfalt der kreativen Möglichkeiten, z. B. Sketche und kleine Aufführungen zum Geschehen in der eigenen Gruppe oder zu den Fantasien über die anderen Gruppen. Eine vorgegebene Struktur eröffnet einen Spielraum, in dem die Bilder, die man voneinander hat, einen Ausdruck finden können und dadurch wieder auf das Geschehen zurückwirken.

Das andere Ende des Spektrums stellt das *offene Plenum* bzw. die Großgruppe dar als eine *niedrig strukturierte* Form. Das offene Plenum funktioniert wie die T-Gruppe. Die TrainerInnen geben kein Thema und keine Arbeitsweise vor, sondern fordern dazu auf, den eigenen Impulsen und Ideen zu folgen und diese dem Plenum zur Verfügung zu stellen. Das offene Plenum wird von vielen TeilnehmerInnen als eine mühsame und angstbesetzte Lernform empfunden. Ist es schon schwierig genug, sich in der T-Gruppe zu orientieren, so steigert sich dies hier noch. Es wird aufwändiger, den Kontakt zu anderen herzustellen, den es braucht, um sich als Person wohl zu fühlen. Die einen reagieren darauf mit Rückzug, andere werden überschwemmt von ihren Eindrücken und Gefühlen bis hin zu einem Verlust des Gespürs für die eigenen Ich-Grenzen. Da im Plenum alle relevanten Bestimmungsgrößen des Trainings, d. h. alle Personen und Subgruppen, präsent sind und damit potentiell für den Diskurs zur Verfügung stehen, stellt sich verschärft das Problem, wie sich hieraus eine Auswahl herstellen kann, die notwendig ist, damit dieser Diskurs überhaupt in Gang kommen kann.

Da ist die Frage berechtigt, wozu das alles gut sein soll. Der Lohn für diese Anstrengung ist ein mehrfacher. Wie schon in der T-Gruppe wird auch im offenen Plenum der Sinn (und Unsinn) sozialer Organisationsformen in dem Moment sichtbar, in dem sie entzogen werden. Der freie Dialog darüber eröffnet einen Raum, in dem die Bedürfnisse und Notwendigkeiten sichtbar werden, aus denen diese Organisationsformen erwachsen, aber ohne dass sich die TeilnehmerInnen quasi automatisch und bewusstlos unterwerfen. In geglückten Momenten können alle Ebenen des Erlebens in einem gemeinsamen Ganzen aufgehen, und es entstehen echte Erkenntnissprünge. Bislang latente und verdeckt gehaltene Themen steigen an die Oberfläche.

In einer anderthalbjährigen Fortbildung für das Leiten von Gruppen über sechs Kursabschnitte, die wir seit vielen Jahren durchführen, gehört das offene Plenum zum durchgehenden Arbeitsprinzip. Im aktuellen Kurs hatten die TeilnehmerInnen diese Arbeitsform bislang als mühsam und wenig ergebnisorientiert erlebt. Zwischen dem dritten und vierten Kursabschnitt steigt der Teilnehmer K. aus dem Kurs aus, weil er arbeitslos geworden ist. Wir fragen am Anfang des Kurses nach, ob er irgendjemanden damit betraut habe, etwas zu seinem Ausscheiden zu sagen, was aber nicht der Fall ist. Danach ist er nicht mehr Thema, was uns verwundert, weil er im Informellen eine wichtige Figur gewesen war. Obwohl der Kurs erst zur Hälfte um ist, wird stattdessen von einigen TeilnehmerInnen in der Anfangsrunde und im ersten offenen Plenum das Ende des Kurses thematisiert. Damit verknüpft sich die Frage, wie viel noch bereit ist, in den Kurs und die Beziehungen zueinander zu investieren.

Das zweite offene Plenum ist wieder eher mühsam und lustlos. Im dritten Plenum berichtet ein Teilnehmer, er habe K. eine E-Mail geschickt und von ihm auch eine Antwort bekommen, die er vorliest. In der Folge davon entwickelt sich ein hochemotionaler Prozess, in dem sichtbar wird, dass viele mit der Frage beschäftigt sind, wie gut sie in der Gruppe eingebunden sind und ob sie ihren erreichten Status nochmals dadurch in Frage stellen sollen, dass sie diesen thematisieren. In den vielen Kleingruppenkonstellationen der Fortbildung konnten diese Gefühlslagen eher kontrolliert werden, zugleich wurden die dahinter stehenden ambivalenten Wünsche aber zum Verschwinden gebracht. Nur im kollektiven Erfahrungsraum der Gesamtgruppe konnte die Bedeutung deutlich werden, die die Gruppe für jeden Einzelnen inzwischen gewonnen hatte.

7.5 Erkundungen im Labyrinth – Das Organisationslaboratorium

Von ihren Anfängen an entwickelte die Gruppendynamik neben der T-Gruppe eine weitere Arbeitsform, das Organisationslaboratorium, kurz Orga-Lab genannt. Während in der T-Gruppe der Gruppenprozess und die individuellen Reaktionsmuster im Vordergrund stehen, so rücken im Orga-Lab die Intergruppenprozesse ins Zentrum der Aufmerksamkeit. Ziel eines solchen Labs ist es, die Komplexität der Dynamik in einer Organisation zu simulieren bzw. abzubilden und sie gleichzeitig dem Verstehen zugänglich zu machen. Zwei Formen lassen sich unterscheiden.

7.5 Erkundungen im Labyrinth – Das Organisationslaboratorium

1. Das gruppendynamische Orga-Lab lässt sich als ein sich selbst steuerndes Lernsystem begreifen und gestalten, das sich die Struktur erst schaffen muss, in der ein solches Lernen möglich ist.

Dieses niedrig strukturierte Modell lehnt sich an das T-Gruppen-Modell an. Nur Anfang und Ende des Orga-Labs sind festgelegt. Aufgabe ist es, die vorhandenen Ressourcen, d. h. die zur Verfügung stehende Zeit, die Räumlichkeiten, TeilnehmerInnen und TrainerInnen, in einer Weise zu nutzen, dass die Bearbeitung des Themas möglich wird. Die TeilnehmerInnen bekommen die Aufgabe, innerhalb des vorgegebenen Rahmens sich selbst zu organisieren und damit den Verlauf mitzugestalten und mitzusteuern. Im Zuge der dazu notwendigen Aushandlungsprozesse entsteht eine Organisationsdynamik, die selber wieder Gegenstand der Analyse werden kann. Die TrainerInnen hüten diesen Rahmen und beraten und begleiten diesen Selbststeuerungsprozess und seine Auswertung.

2. Das Orga-Lab wird als Planspiel gestaltet, in dem eine Organisation mit ihren relevanten Subsystemen simuliert und eine Ausgangssituation vorgegeben ist.

In diesem strukturierten Modell gibt der Staff mit dem Planspiel eine feste Arbeitsstruktur vor, die im Wesentlichen drei Schritte enthält. Nach einer Anfangs- und Kennenlernphase und der Bildung der Planspielgruppen wird in der ersten Phase das Planspiel durchgeführt, in der zweiten Phase ausgewertet, und in der dritten Phase werden in Transfergruppen die Erkenntnisse des Planspiels zur Analyse der Organisationen der TeilnehmerInnen genutzt.

Ein solches Planspiel kann z. B. die Struktur einer sozialen Organisation vorgeben mit einer Leitung, gegebenenfalls einem Vereinsvorstand, mit mehreren Teams, die für unterschiedliche soziale Dienste zuständig sind, jeweils mit einer Teamleitung und einer regelmäßigen Leitungsrunde. Zusätzlich kann für das Ausgangsszenario eine gemeinsame Aufgabe gestellt werden, z. B. der Umgang mit einer anstehenden Kürzung. Alle Rollen werden von Teilnehmern besetzt, die TrainerInnen fungieren als Spielleitung, die auf die Einhaltung der Regeln achtet und das Spielgeschehen für die spätere Auswertung dokumentiert.

Tab. 3: Design eines Organisationslaboratorium als Planspiel

	Montag	Dienstag	Mittwoch	Donnerstag	Freitag
9.00–10.30	Anreise	Planspiel 2. Spielphase	Planspiel Auswertung	1. Transfergruppen	4. Transfergruppen
11.00–12.30	Plenum Eröffnung Kennenlernen	Planspiel 3. Spielphase	Planspiel Auswertung	2. Transfergruppen	Plenum Auswertung und Schluss
16.00–18.00	Plenum Installation des Planspiels, Gruppenbildung, Spielregeln	Planspiel 4. Spielphase	Planspiel Auswertung	3. Transfergruppen	Abreise
19.00–20.30	Planspiel 1. Spielphase	Planspiel Auswertung	Offenes Plenum	Offenes Plenum	

7.6 Über Sinn und Unsinn von gruppendynamischen Übungen

Die Offenheit der Designplanung lässt sich sowohl reduzieren wie auch steigern, je nach Kontextbedingungen. Für diesen Zweck gibt es in der Gruppendynamik eine Fülle von Übungen für die verschiedensten Themen, Kontexte und Situationen. Der zentrale Unterschied im Einsatz und im Umgang mit diesen Übungen besteht darin, ob sie in einem laufenden Gruppenprozess einsetzbar sind, z. B. um ein aktuelles Thema zu fokussieren, vernachlässigte oder verleugnete Aspekte zu verdeutlichen, die sonst verloren gehen würden, eine Blockierung aufheben zu helfen oder eine Konfliktklärung zu ermöglichen, oder ob man mit ihnen überhaupt erst einen Gruppenprozess schafft, und sei es nur im Kleinen, den man dann im Anschluss an die Übung auswerten kann (zur Indikation und Kontraindikation bezüglich gruppendynamischer Übungen vgl. Fengler 2006).

Diese Art von Übungen ist häufig wie sozialpsychologische Experimente angelegt. Ihre Funktion ist es, in einem begrenzten Zeitraum eine Erfahrungsmöglichkeit zu schaffen, anhand derer die TeilnehmerInnen etwas zu einem bestimmten Thema lernen können. Z. B. geben Sie den TeilnehmerInnen eine soziale Situation vor, die sie gemeinsam zu bewältigen haben, um etwas über ihre

7.6 Über Sinn und Unsinn von gruppendynamischen Übungen

Muster der Zusammenarbeit zu lernen. Vor allem in den frühen Zeiten der Gruppendynamik bestanden manche Seminare in der Aneinanderreihung von solchen Übungen und ihrer Auswertung. Eine ganze Reihe von Büchern mit Zusammenstellungen solcher Übungen sind in den letzten 30 Jahren veröffentlicht worden, an der Spitze der gruppendynamische Bestseller unseres Kollegen Klaus Antons, den wir auch hier wärmstens empfehlen (zuerst 1973, 8. Auflage 2000).

Bei der Entscheidung für ein solches höher strukturiertes Design spielt der Zeitfaktor eine große Rolle. Die Entfaltung eines Gruppenprozesses braucht eine Eigenzeit, die nicht beliebig verkürzt werden kann. Steht diese Zeit nicht zur Verfügung, kann die Anwendung von gruppendynamischen Übungen sinnvoll sein. Ihre Durchführung stellt dann der Gruppe das Material zur Verfügung, anhand dessen etwas über Gruppendynamik gelernt werden kann. In einem solchen Design sind die einzelnen Lernschritte und dazugehörigen Inputs festgelegt und erfahren nur eine minimale Anpassung an den jeweiligen Seminarverlauf. Die Offenheit der Lernmöglichkeiten ist entsprechend reduziert.

Es gibt eine Reihe von Gründen, die für den Einsatz von Übungen sprechen. Sie eignen sich gut für zeitlich eng begrenzte Kontexte, in denen die Vermittlung von instrumentellem gruppendynamisch-gruppenpädagogischem Wissen im Vordergrund steht, z. B. in einem Workshop oder in einer Lehrveranstaltung, und daher ein stärker strukturiertes Vorgehen angezeigt ist. Höher strukturierte Formen werden aber auch vorgezogen, um die Konfrontation, die das niedrig strukturierte Arbeiten bedeutet, zu verringern, denn dieses Arbeiten würde zu viel Angst und Widerstand hervorrufen, weil es von der jeweiligen Erfahrungswelt der TeilnehmerInnen zu weit entfernt ist. Dies gilt z. B. für viele Seminare mit Führungskräften in der Wirtschaft sowie für alle die Personengruppen, die psychologischen Inhalten eher distanziert gegenüberstehen. Und nicht zuletzt sind sie dann angezeigt, wenn der Leiter sich in einem prozessorientierten Vorgehen nicht sicher genug fühlt, aber einige dieser Übungen gut beherrscht und gerne einsetzt.

Problematisch wird der Einsatz von Übungen, wenn mit ihrer Hilfe eher etwas verdeckt wird, z. B. ein mangelndes Konzept oder

7. Gruppendynamische Arbeitsformen und -designs

geringe Leitungskompetenz, oder wenn sie mehr der Unterhaltung und der Animation dienen als einem Lernprozess. In manchen Situationen kann eine Übung eher vom aktuellen Geschehen wegführen und Blockaden damit noch weiter verstärken.

8. Gruppendynamische Arbeitsprinzipien

„Können Sie mal erklären, was das hier soll?
Warum tun die Trainer überhaupt nichts?
Warum hat die Gruppe kein Ziel?
Wann passiert endlich etwas?"

Um nun detaillierter etwas über gruppendynamische Arbeitsprinzipien zu erfahren, wenden wir uns nochmals der T-Gruppe als dem zentralen Lernort bzw. Lernmedium der Gruppendynamik zu. An ihrem Beispiel lässt sich gut demonstrieren, nach welchen Prinzipien gruppendynamisches Lernen gestaltet wird und was damit erreicht werden soll. Denn obwohl manche TeilnehmerInnen bei ihrer ersten Teilnahme an einem gruppendynamischen Training daran zweifeln: Das ganze hat Methode! Aber Vorsicht, versuchen Sie nicht, sich Ihren Kollegen, Ihrem Chef, Ihrer Chefin, Ihrem Ehemann oder Ihrer Ehefrau gegenüber so zu verhalten, wie das die TrainerInnen den Teilnehmern gegenüber tun. Es könnte Ihnen übel genommen werden!

Die im Training zur Anwendung kommenden Arbeitsprinzipien dienen zuerst einmal dazu, einen spezifischen Lernraum zu eröffnen. Ein solches Lernen braucht besondere Bedingungen, die sich von den Bedingungen der sozialen Praxis, für die gelernt wird, unterscheiden – eben damit gelernt werden kann. Gruppendynamisch inspiriertes *soziales Lernen* ist vor allem ein Lernen an und in der Erfahrung. Lerngegenstand sind die Wahrnehmungs- und Kommunikationsprozesse unseres sozialen Alltags und die Interaktionen und Wechselwirkungen, die sich daraus ergeben, wenn Menschen aufeinander treffen. Auch wenn ein solches Lernen nicht Selbstzweck ist und auf die Erweiterung der beruflichen Fähigkeiten zielt, so erfasst es doch den Menschen als ganzen und nicht nur in seiner beruflichen Rolle. Ein solches soziales Lernen ist etwas anderes als das Lernen von Fachwissen.

8. Gruppendynamische Arbeitsprinzipien

8.1 Niedrigstrukturierung und initiale Verunsicherung

Das Besondere an dieser Art des Lernens ist es, dass wir über etwas lernen, das wir schon praktizieren. Denn Kommunikation findet immer schon statt, und die grundlegenden Regeln dieser Kommunikation haben wir uns schon längst angeeignet, bevor wir das erste Mal an einem gruppendynamischen Training teilnehmen. So wie wir aber auch unsere Muttersprache sprechen, ohne dass wir zu wissen brauchen, wie sie funktioniert, so kommunizieren wir auch, ohne uns genau überlegen zu müssen, wie wir dies tun. Es würde uns sonst so gehen wie dem Tausendfüßler, der stolpern würde, sobald er anfinge, sich darüber Gedanken zu machen, wie er denn all seine Beine koordiniert bekommt.

Es war eine der grundlegenden Ideen von Kurt Lewin, dass man Erwachsene zum Stolpern bringen muss, will man ihnen diesen besonderen Lernraum eröffnen, und zwar aus zweierlei Gründen: Die Selbstverständlichkeiten der Alltagskommunikation müssen genügend irritiert werden, damit sie überhaupt zum Inhalt der Kommunikation werden können. Und diese Selbstverständlichkeiten, die ja selber Ergebnis von früherem Lernen sind, müssen infrage gestellt werden, damit die Bereitschaft entsteht, etwas Neues zu lernen. Lewin sprach vom „unfreezing" als einem *Auftauen sozialer Gewohnheiten*. Damit dies möglich wird, „muss man manchmal eine affektive Aufrüttelung vorsätzlich einführen" (Lewin 1975, S. 263). Dies findet seinen Ausdruck in der Niedrigstrukturierung der gruppendynamischen Arbeitsweise in der T-Gruppe.

Gemeint ist damit Folgendes: Zwar gibt es in einem Training eine klare Struktur, wie sie im vorherigen Kapitel vorgestellt wurde. So sind Zeiten und Räume festgelegt, TrainerInnen und TeilnehmerInnen nach dem Gruppenbildungsprozess ebenfalls. Aber innerhalb dieser Struktur wird nichts weiter vorgegeben, weder ein Thema noch eine Vorgehensweise. Es ist allerdings sinnvoll, zu Beginn einer T-Gruppe die Arbeitsprinzipien und die Rolle der TrainerInnen kurz zu erläutern. So beschreiben wir in der Regel zu Anfang einer T-Gruppe ihre Besonderheit als eine Gruppe, die sich selber zum Thema hat, und erläutern die Rolle des Trainers anhand von drei Punkten: 1. Der Trainer nimmt keine Führung wahr, geht

8.1 Niedrigstrukturierung und initiale Verunsicherung

also der Gruppe nicht voran, sondern folgt ihr auf ihrem Weg und begleitet sie. 2. In einzelnen Phasen bietet er der Gruppe Hilfe dabei an, sich über ihren Prozess klarer zu werden. 3. Der Trainer steht für die Aufrechterhaltung des Rahmens und den Schutz des Einzelnen innerhalb dieses Rahmen, sofern dies nötig sein sollte. Unterschiedlich gehandhabt wird das Setzen von Regeln, z. B. im Hinblick auf Vertraulichkeit.

Jenseits der individuellen Varianten und persönlichen Stile einzelner TrainerInnen bleibt als Essenz der Niedrigstrukturierung, die sozial erwartete Rolle der Leitung *nicht* einzunehmen und die diesbezüglichen Erwartungen der TeilnehmerInnen zu enttäuschen. Selbst diejenigen, die schon Erfahrung mit Gruppendynamik haben oder über die Vorgehensweise informiert sind, brauchen Energie, um mit der Leere eines solchen Anfanges umzugehen. Bei Neulingen hingegen kann diese Niedrigstrukturierung eine starke Verunsicherung auslösen bezüglich dessen, wie denn mit dieser Situation umzugehen sei. Die Unklarheit der Situation löst Ängste aus, die wiederum durch den Rückgriff auf gewohnte Verhaltensmuster zu bannen versucht werden. Dazu gehört z. B. die Einführung eines Themas oder der Versuch, eine Leitung in der Gruppe zu installieren. Beides gelingt nur selten, und wenn, dann nur vorübergehend.

Einerseits ist es die Aufgabe der TrainerInnen, in dieser Phase nicht auf die Versuche der TeilnehmerInnen einzugehen, sie doch noch in die gewohnte Leiterrolle hereinzuziehen, nach dem Motto: Das können Sie doch nicht ernst meinen! Wann passiert hier endlich was! Andererseits gilt es, den Angstpegel der Gruppe bzw. der einzelnen TeilnehmerInnen nicht derart anwachsen zu lassen, dass ein Lernen nicht mehr möglich ist. Es wird also genügend Verunsicherung geschaffen, damit die Gewohnheiten ins Stolpern gebracht werden, zugleich für hinreichende Sicherheiten gesorgt, damit die Energien nicht gänzlich von der Bewältigung der Situation und der entstehenden Ängste absorbiert werden. Erst dann kann der Raum des Erfahrungslernens genutzt werden.

8.2 Das Hier-und-Jetzt-Prinzip

Der gruppendynamische Lernraum ist von Anfang an da, muss aber von den TeilnehmerInnen erst als solcher entdeckt werden. Dazu ist es notwendig, dass sie sich von der Erwartung lösen können, gleich, wenn man erst einmal diese Situation irgendwie überwunden oder überstanden hat, gehe es endlich wirklich los. Eine T-Gruppe hat immer schon angefangen, auch wenn die TeilnehmerInnen noch darüber diskutieren, wann sie denn endlich anfängt.

Es gilt, sich auf das, was im Hier und Jetzt passiert, einzulassen, und es ist die Aufgabe des Trainers oder der Trainerin, die Gruppenmitglieder dabei zu unterstützen. Das Hier-und-Jetzt-Prinzip stellt die Gruppe dabei vor eine weitere Aufgabe. Da die Gruppe sich das Material, das sie untersuchen will, erst in der gemeinsamen Interaktion schaffen muss, ist eigentlich nur diese Untersuchung im Hier und Jetzt platziert, das Untersuchte hingegen im gerade Vergangenen. Dieses Da und Dort ist aber schon ein gemeinsam Erlebtes und bildet den Erfahrungsraum, der die Gruppe als solche überhaupt ausmacht. Die Gruppe erschafft sich also im Hier und Jetzt selber, indem sie sich darüber verständigt, wie sie sich als Gruppe erschafft.

Das klingt ein wenig abgedreht und kann es auch durchaus werden. Denn das Handeln und die Reflexion über das Handeln sind ineinander verwoben, jede Reflexion über ein Handeln wird zu einem neuen Handeln usw. Um nicht in diesem Kreislauf stecken zu bleiben, ist es Aufgabe der TrainerInnen, die soziale Spontaneität zu wecken und die TeilnehmerInnen zu experimentellem Handeln zu ermuntern. Das Handeln hat also Vorrang vor der Reflexion, doch erst durch die Reflexion kann das Handeln verstanden und damit als etwas Neues vom Einzelnen in seine Wahrnehmungs-, Verstehens- und Handlungsmuster integriert werden.

Das Lernen im Hier und Jetzt findet immer in einer doppelten Weise statt. Die Einzelnen lernen etwas über ihre Verhaltensmuster im Umgang mit anderen Menschen in einer Situation, die keine klaren Vorgaben macht. Und sie lernen etwas über die Bedingungen, die sie brauchen, um dies tun zu können. Sie lernen lernen.

8.3 Struktur und Prozess

In dem Maße, wie den TeilnehmerInnen die Orientierung in der ungewohnten Situation gelingt, entdecken sie, dass die Situation keineswegs so unstrukturiert ist, wie es ihnen anfangs erschien. Zum einen richtet sich die Aufmerksamkeit auf die Strukturen, die durch die teilnehmenden Personen repräsentiert sind und ins Training mitgebracht werden. In diesem Sinne lässt sich die T-Gruppe als sozialer Mikrokosmos verstehen, der wesentliche Strukturmerkmale unseres Alltages abbildet und reproduziert. Relativ schnell kristallisieren sich Besonderheiten einzelner Personen heraus. Wer redet viel, wer eher wenig? Wer beginnt regelmäßig die Sitzungen? Wer signalisiert wem gegenüber Zustimmung oder Ablehnung? Auf den zweiten Blick werden hinter diesen individuellen Besonderheiten Strukturmerkmale sichtbar, die den Arbeitsprozess beeinflussen. Die T-Gruppe wird zu einem Ort, an dem die Entstehung, Wirkung und Veränderung von Normen und Rollen erfahren und untersucht werden kann. Wie wirken sich mitgebrachte Regeln und Normen sowie Statusunterschiede zwischen den TeilnehmerInnen aus? Was passiert, wenn unterschiedliche berufliche Kulturen aufeinander treffen? Wem werden Kompetenzen zugeschrieben und Führungsrollen zugebilligt? Sind es eher die Männer oder die Frauen, eher die Älteren oder die Jüngeren, die die Initiative ergreifen und deren Vorschläge aufgenommen werden?

Zum anderen wird bald deutlich, wie die TeilnehmerInnen mit den durch das Training gesetzten Strukturen umgehen. Hierzu gehört z. B. der Umgang mit Anfang und Ende der Arbeitszeiten. An dem Phänomen, wie eine Gruppe mit Pünktlichkeit umgeht, lässt sich viel über diese Gruppe lernen: Wie hoch ist die Verbindlichkeit der einzelnen TeilnehmerInnen und der Zusammenhalt (die Kohäsion) der Gruppe? Wie viel Freiheit können sich die Einzelnen herausnehmen? Wie geht eine Gruppe mit Abweichung um? Im Umgang der TeilnehmerInnen mit diesen Strukturen des Trainings, vor allem den Ressourcen von Raum und Zeit, spiegelt sich auch das Verhältnis zu Leitung und Autorität. Was sagt z. B. der Umgang mit Pünktlichkeit über das Verhältnis zu den TrainerInnen aus? Denn die TeilnehmerInnen merken schon bald, dass die TrainerInnen zwar nicht die erwartete Leitungsrolle ausfüllen, dass sie aber die Regeln, die sie einführen, auch beachten. So gehört es zum Beispiel zur Praxis vieler TrainerInnen, die Sitzungen pünktlich zu beginnen und zu beenden. Sie machen sich zu Repräsentanten der zeitlichen Struktur und definieren den Umgang damit als Teil der Beziehung zu ihnen als LeiterInnen.

Dies gilt gerade auch für die Beendigung einer Sitzung. Welcher Gruppenleiter kennt nicht die Situation, dass kurz vor Ende einer Sitzung jemand in der Gruppe ein schwieriges Problem präsentiert oder einen Konflikt beginnt? Als TrainerIn wird man sich davon in der Regel nicht verführen lassen, das Arbeitssetting zu verändern, obwohl man damit gegen die impliziten Erwartungen der TeilnehmerInnen verstößt, in besonderen Situationen die Arbeitszeiten zu verlängern. Ein solches Rütteln am Zeitrahmen ist aber immer auch Ausdruck davon, wer hier was zu sagen und zu bestimmen hat. Verändern TrainerInnen das Arbeitssetting aufgrund der Forderungen einzelner TeilnehmerInnen, ohne dass dies geklärt wird, so zeigen sie damit, dass sie bereit sind, den gesetzten Schutzraum dem Anliegen Einzelner zu opfern. Sie gefährden damit nicht nur diesen Schutzraum, sondern mischen sich zugleich in die Auseinandersetzungen der Gruppenmitglieder untereinander ein.

In dem Maße, wie all diese Fragen auftauchen, wird die methodische Sinnhaftigkeit der initialen Niedrigstrukturierung sichtbar. Denn erst wenn der Umgang mit diesen Strukturmerkmalen nicht von vorneherein durch die Leitung und das Setzen von Regeln bestimmt und damit als gegeben vorausgesetzt wird, kann dies selber zum Gegenstand der Untersuchung und der Auseinandersetzung werden. Der Umgang mit gesetzten Strukturen folgt daher der Devise: *So wenig Struktur wie möglich, soviel wie nötig!*

Es wäre nun irrig, den Umgang mit Strukturen als etwas Statisches anzusehen. Denn all diese Strukturen werden überhaupt erst im Handeln realisiert und damit als solche sichtbar. Erst wenn TeilnehmerInnen und TrainerInnen, Männer und Frauen interagieren, zeigen sich die Strukturen, die diese Beziehungen rahmen. Strukturen sind also eingebettet in einen Prozess, der zwar durch diese Strukturen beeinflusst ist, diese zugleich aber auch als solche erst hervorbringt. Struktur und Prozess stehen in einem dialektischen

Spannungsverhältnis. Der Blick der Gruppendynamik richtet sich genau darauf: Welche Strukturen setzen sich im Prozess durch, bzw. wie gestaltet sich im Prozess der Umgang mit Strukturen, und wie verändert sich dies im Verlaufe der Zeit?

Diese Sicht auf soziales Geschehen als eine Verschränkung von Struktur und Prozess findet sich auch im Lernkonzept der Gruppendynamik wieder. Die Analyse von Strukturen und ihren Auswirkungen erfordert zwar die Anerkennung ihrer Existenz. Zugleich ist die Gruppendynamik aber darauf ausgerichtet, die Aufmerksamkeit auf den dynamischen Charakter jedes sozialen Geschehens zu richten und damit auch auf die Möglichkeiten, dieses zu beeinflussen und zu steuern.

8.4 Feedback zur Selbst- und Fremdwahrnehmung

Über Strukturen und Prozesse im Hier und Jetzt des Gruppengeschehens ins Gespräch zu kommen erfordert von den Gruppenmitgliedern, sich über ihre Wahrnehmungen klar zu werden, diese mitteilen zu können und entsprechende Wahrnehmungen der anderen zu erfragen und mit den eigenen Wahrnehmungen abzugleichen. Wenn man fragt, was denn in einer Trainingsgruppe, aber auch in anderen gruppendynamischen Arbeitsformen, z. B. in einer Teamberatung, eigentlich trainiert und praktiziert wird, dann ist es genau dies: die Wahrnehmung von Personen und Situationen, der Austausch dieser Wahrnehmungen durch Feedback und die Untersuchung der Annahmen und Voraussetzungen, auf denen diese Wahrnehmungen basieren.

Wahrnehmungen sind immer perspektivisch. Es ist *diese* Person, die von *diesem* Punkt aus etwas wahrnimmt und sich einen Reim darauf macht. Zwar ist Wahrnehmung immer schon interpretierte Wahrnehmung, aber es lohnt, sich idealtypisch ihre einzelnen Bestandteile vor Augen zu führen. Ich habe eine Sinneswahrnehmung, z. B. sehe oder höre ich etwas. Ich mache mir Gedanken darüber, stelle Vermutungen an, versuche, mir das Wahrgenommene zu erklären. Ich fühle irgendeine Art der Gefühlsreaktion, und sei es, dass mich das Wahrgenommene „kalt" lässt. Ich entwickele bestimmte Schlussfolgerungen oder Absichten im Hinblick auf eine

8. Gruppendynamische Arbeitsprinzipien

mögliche Reaktion auf das Wahrgenommene. Und schließlich reagiere ich in irgendeiner Weise mit einer Handlung bzw. einem Verhalten auf das Wahrgenommene.

Sinneswahrnehmung
Ich sehe, höre, rieche, taste

Verhalten
Handlung

Gedanken
Vermutungen
Eindrücke

Schlussfolgerungen
Absichten

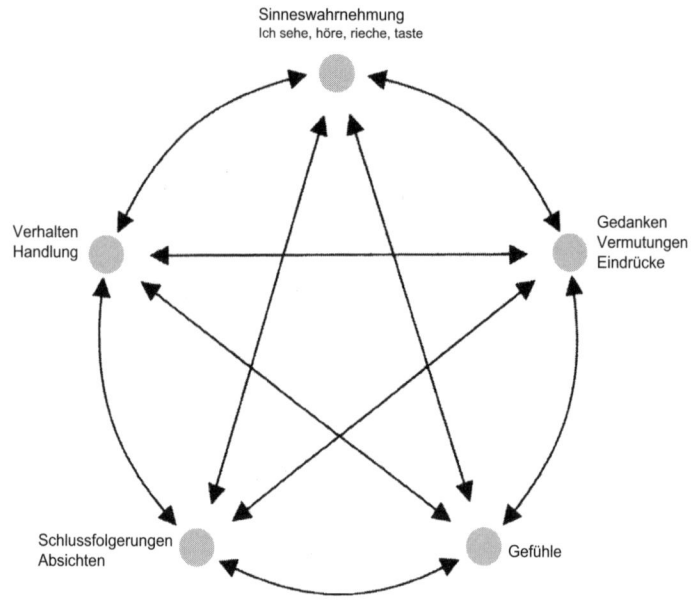

Gefühle

Abb. 7: Wahrnehmungsrad

All dies geschieht ineinander verwoben, und in unserem Alltag machen wir uns keine Gedanken über diese einzelnen Bestandteile unserer Wahrnehmung, ihre Grundlagen bleiben verborgen. In der T-Gruppe geht es darum, hierüber etwas zu lernen. Welche Konstrukte nutze ich, um meine Sinneswahrnehmungen zu interpretieren? Nehme ich meine Gefühle hierbei wahr? Wie fließt dies in meine Absichten ein? Und welche typischen Verhaltensmuster zeige ich? In der grafischen Darstellung (Abb. 7) sind die Bestandteile der Wahrnehmung in einem Kreislauf dargestellt. Die Pfeile symbolisieren, dass alle Bestandteile des Wahrnehmungsprozesses miteinander zusammenhängen und ein sich gegenseitig beeinflus-

8.4 Feedback zur Selbst- und Fremdwahrnehmung

sendes Ganzes bilden. Dennoch kann es sein, dass einzelne Bestandteile ausgeblendet bleiben und der Wahrnehmungsprozess auf dem Rad quasi Abkürzungen nimmt. Fallen z. B. Gefühlsreaktion und Handlung zusammen, ohne dass Gedanken und Schlussfolgerungen ins Bewusstsein gelangen, so spricht man von einer Affekthandlung. Wird hingegen die Gefühlsreaktion gänzlich ausgeblendet, so spricht man von Intellektualisierung oder Abspaltung.

Um die verschiedenen Wahrnehmungen der einzelnen Gruppenteilnehmer für ihre Entwicklung und die der Gruppe nutzen zu können, müssen sie in den Austausch gebracht werden. In der Gruppendynamik ist hierfür die Initiierung von Feedbackprozessen das zentrale Mittel (Fengler 2004). Feedback ist eine Mitteilung an eine Person, die diese darüber informiert, wie ihre Verhaltensweisen von anderen wahrgenommen, verstanden und erlebt werden. Es bietet die (einzige) Möglichkeit, die Selbstwahrnehmung systematisch mit der Fremdwahrnehmung zu vergleichen und die Wirkungen eigener Verhaltensweisen kennen zu lernen, die einem bisher nicht bewusst waren. Das *Johari-Fenster* (nach *Joe* Luft und *Harry* Ingham, Luft 1993, S. 28 ff.) veranschaulicht die Wirkung von Feedback.

Verhaltensbereiche	mir selbst	
	bekannt	unbekannt
anderen bekannt	A öffentliche Person Bereich der freien Aktivität	C Bereich des blinden Flecks
anderen unbekannt	B Privatperson Bereich des Vermeidens oder Verbergens	D Bereich der unbekannten Aktivität Unbewusstes

Abb. 8: Das Johari-Fenster

Quadrant A: Bezeichnet den Bereich der freien Aktivität, öffentlicher Sachverhalte und Tatsachen, in dem Verhalten und Motivationen sowohl mir selbst bekannt als auch für andere wahrnehmbar sind.

8. Gruppendynamische Arbeitsprinzipien

Quadrant B: Bezeichnet den Bereich meines Verhaltens, der mir bekannt und bewusst ist, den ich aber anderen nicht zeige oder zeigen will. Dieser Teil meines Verhaltens ist für andere verborgen oder versteckt.

Quadrant C: Bezeichnet den blinden Fleck der Selbstwahrnehmung, d. h. den Teil meines Verhaltens, der für andere sichtbar und erkennbar ist, mir selbst hingegen nicht bewusst. Abgewehrtes, Vorbewusstes und nicht mehr bewusste Gewohnheiten fallen hierunter.

Quadrant D: Bezeichnet Vorgänge, die weder mir noch anderen bekannt sind und sich in dem Bereich bewegen, der tiefenpsychologisch als Unbewusstes bezeichnet wird.

Ziel von Rückmeldungen ist es, den Bereich A – freie Aktivität – der Einzelnen in einem bestimmten sozialen Kontext zu erweitern. Das sich vertiefende Vertrauen ermöglicht es den Einzelnen, mehr von ihrer Person darzustellen (der Bereich A wird größer, B wird kleiner) und blinde Flecken aufzuhellen (der Bereich C wird kleiner), was wiederum das Vertrauen untereinander steigert. Darüber hinaus wird durch die neu verfügbaren Informationen über und von einzelnen Personen auch der Bereich D kleiner, d. h., das gegenseitige Feedback der Gruppenmitglieder erweitert im Sinne eines Synergieeffektes das kollektive Wissen der Gruppe über sich und eröffnet ihr so die Möglichkeit, bislang unbekannte und daher nicht ausgeschöpfte Möglichkeiten zu erkunden.

Beginnende Interaktion in einer Gruppe

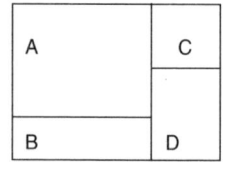

Ziel eines gruppendynamischen Trainings

Die Aufhellung blinder Flecken führt nicht automatisch dazu, dass der Empfänger von Feedback sein Verhalten ändert. Das erste Ziel ist, die (vielleicht unbeabsichtigten) Wirkungen des eigenen Verhaltens kennen zu lernen. Ob Veränderungen möglich und gewollt sind, ist eine andere Frage. Wenn die Mitglieder einer Gruppe oder eines Arbeitsbereiches zunehmend bereit sind, sich gegenseitig Feedback zu geben, wachsen die Möglichkeiten, voneinander zu lernen, in erheblichem Maße.

8.5 Feedbackregeln

Feedback geschieht ganz automatisch in allen sozialen Situationen, weil jedes eigene Verhalten bei den anderen bestimmte wahrnehmbare Reaktionen hervorruft. Bei einem Vortrag können die Zuhörer einschlafen, Seitengespräche führen, wortlos den Raum verlassen, Beifall klatschen, zustimmend nicken, zum Fenster hinausschauen oder in der anschließenden Diskussion das Gesagte bewerten. Das sind alles mehr oder weniger beabsichtigte und eindeutige Rückmeldungen an den Vortragenden. Wenn Feedback bewusst gegeben und genommen wird, dann sind bestimmte Regeln hilfreich, die die Wirksamkeit und Akzeptanz erhöhen.

Ein Feedback sollte sein:

- *beschreibend* im Gegensatz zu (moralisch) bewertend und interpretierend
- *konkret* im Gegensatz zu allgemein (z. B. keine Beschreibung von Charakterzügen wie „dominierend", sondern von konkret erlebten Ereignissen und Verhaltensweisen, z. B.: „Du hast meinen Beitrag an dieser Stelle übergangen")
- *erbeten* im Gegensatz zu aufgezwungen
- *klar und genau formuliert* im Gegensatz zu lang und diffus
- *angemessen* den Bedürfnissen und der Aufnahmefähigkeit des Empfängers
- *zur rechten Zeit*, d. h. entweder möglichst wenig Zeit zwischen dem Verhalten und der Rückmeldung der Wirkungen vergehen zu lassen oder einen Zeitpunkt abzuwarten, zu dem der Empfänger aufnahmebereit ist
- *nachprüfbar* im Sinne der Möglichkeit, dass auch andere Mitglieder der Gruppe dazu Stellung nehmen können.

Feedback sagt nicht nur etwas über die EmpfängerInnen aus, sondern ebensoviel über die FeedbackgeberInnen. Wem etwas am Ver-

8. Gruppendynamische Arbeitsprinzipien

halten anderer als bemerkenswert, störend, bewunderungswürdig etc. auffällt, der bringt ein entsprechendes Wahrnehmungsmuster mit. Wer Feedback gibt, der sollte bereit sein, den eigenen Anteil ebenso zum Gegenstand der Reflexion und des Austausches zu machen wie die Empfänger von Feedback.

Bewertungen und Kritik lassen sich oft nicht vermeiden und sollen durch Feedback nicht ersetzt werden. Wichtig ist, Kritik und Bewertungen als solche zu kennzeichnen und nicht als (gut gemeinte) Feedbacks getarnt dem Adressaten zukommen zu lassen. Sonst werden Konflikte durch Feedback verschleiert, und die Angegriffenen können sich nicht entsprechend dazu verhalten.

Dazu hilft es, bei Rückmeldungen folgende Teile auseinander zu halten:

- Die Beschreibung: „Ich nehme an dir (als Wirkung bei mir) wahr ..."
- Die Bewertung: „Das wirkt auf mich ..., das finde ich ..."
- Den (Änderungs-)Wunsch: „Ich wünsche mir ..., für mich wäre wichtig, wenn ...".

Auf diese Weise werden die Anteile der Feedbackgeber transparent, ihre Bewertungsmaßstäbe werden nicht unbemerkt zur absoluten Norm erhoben, sondern können Gegenstand der Auseinandersetzung werden. Für die EmpfängerInnen ist es hilfreich, folgende Fragen zu beachten:

- Erlebe ich (zu) wenig oder (zu) viel Feedback?
- Erbitte ich Rückmeldungen, oder vermeide ich sie?
- Neige ich dazu, mich schnell zu verteidigen und viel zu erklären?
- Neige ich zu Gegenangriffen?
- Akzeptiere ich Feedback mit Worten, handle aber nicht so, als ob ich es ernst nehmen würde?
- Akzeptiere ich unkritisch und ohne zu prüfen?
- Überprüfe ich die Gültigkeit von Feedback durch die Suche nach ähnlichen Situationen und Verhaltensweisen?

Wer Feedback erhält, sollte zunächst nicht argumentieren und sich verteidigen, sondern zuhören, nachfragen und klären. Auf jeden Fall sollte man nicht mehr Rückmeldungen annehmen, als man aufnehmen und vertragen kann.

9. Die Rolle des Trainers und der Trainerin: Begleiten, Führen, Steuern

"Kann man Gruppen überhaupt steuern und, wenn ja, wie? Welche Elemente der gruppendynamischen Trainerrolle lassen sich auf andere Gruppen übertragen? Wann soll man intervenieren, wann nicht? Wie leitet die Leitung, was ist die Leitungsaufgabe der Mitglieder?"

Wenn man Gruppen als sich selbst organisierende soziale Systeme versteht, dann hat dies Konsequenzen für ihre Steuerung. Denn nach dieser Grundannahme ist jede Form der gezielten Einflussnahme in ihrer Wirkung nicht vorhersagbar. In autonomen Sozialsystemen lassen sich die Wirkungen von Interventionen immer erst im Nachhinein bestimmen. Dieser Unterschied z. B. zu technischen Systemen sollte im Hinblick auf die Steuerung von Gruppen beachtet werden. Es gibt den zielgenauen, gleichsam chirurgischen Eingriff nicht, der, wenn er nur richtig ausgeführt wird, zum vorhergesagten Ergebnis führt.

Die folgenden Beschreibungen der Leitung von Gruppen sind auf die Situation des Trainings zugeschnitten. Die Art und Weise, wie gruppendynamische TrainerInnen ihre Leitungsaufgabe im Training gestalten, dient dazu, das Lernfeld der Gruppendynamik einzurichten und seinen Rahmen aufrechtzuerhalten. Das Handeln des Trainers bekommt seinen Sinn aus dieser Rolle, über die die gruppendynamischen Arbeitsformen und -prinzipien verlebendigt werden. Wird dies übersehen, dann kann es im Training zu vielerlei Formen des Machtmissbrauchs kommen, so ein berechtigter Kritikpunkt gegenüber der Gruppendynamik als Methode sozialen Lernens (Bachmann 1981, bes. S. 157 ff.). Die Rolle der Trainerin oder des Trainers stellt kein unmittelbar übertragbares Modell für den Führungsalltag in Gruppen und Teams dar, dazu sind der Zweck und der Kontext eines Trainings zu spezifisch.

Trotzdem kann man aus den Haltungen der TrainerInnen viel für das Begleiten, Führen und Steuern von Gruppen lernen, denn

9. Die Rolle des Trainers und der Trainerin: Begleiten, Führen, Steuern

die gleichen Grundfragen stellen sich in allen Gruppen: Wie gestaltet die Leitung den Kontext, welchen Freiraum bekommen die Mitglieder, wie viel ist vorgegeben, wie viel offen gelassen? Wo mischt sich die Leitung ein, wo hält sie sich raus? Wo geht sie mit der Gruppe in die gleiche Richtung, wo steuert sie gegen das vorherrschende Muster? Welche Konflikte werden aufgedeckt, welche unthematisiert gelassen? Für wen und für was ergreift Leitung Partei, und wo bleibt sie neutral? Wann und wie wird von der Handlungs- auf die Reflexionsebene geführt, wann besser nicht? Auf diese Fragen gibt jede Gruppenleitung implizit oder explizit eine Antwort, mit der sie die Gruppenentwicklung in Richtung einer zunehmenden Arbeitsfähigkeit befördert oder sie behindert.

9.1 Vor dem Anfang hat es schon angefangen – Kontextsteuerung und Prozesssteuerung

Als Erstes lassen sich zwei Ebenen der Steuerung unterscheiden, Kontextsteuerung und Prozesssteuerung. Mit Kontextsteuerung sind all diejenigen Entscheidungen gemeint, die in ein spezifisches gruppendynamisches Design einmünden, wie es in Kapitel 7 eingeführt wurde. Eine Gruppe beginnt für die TrainerInnen wie für alle anderen GruppenleiterInnen schon bei der Auftragsklärung und der Planung, also lange bevor der eigentliche Gruppenprozess angefangen hat. Nur eine sorgfältige Analyse der Teilnehmergruppe und ihrer Lernziele sowie der institutionellen Bedingungen, in denen ein gruppendynamisches Seminar eingebettet ist, ermöglicht die Schaffung eines Kontextes, in dem die Teilnehmer tatsächlich frei genug sind, um im oben genannten Sinne ihre Selbststeuerungskräfte zu entfalten.

Die Kontextsteuerung endet nicht mit dem Beginn eines Trainings. Zum einen gilt es, die Designplanung vor Ort auf ihre Sinnhaftigkeit zu überprüfen und eventuell zu verändern. Zum anderen ist ein gruppendynamisches Design darauf angelegt, genügend Raum zu lassen, damit sich ein Prozess entfalten kann, auf den das Design wiederum reagiert. Die rollende Planung eines gruppendynamischen Trainings sieht es vor, innerhalb eines gewissen Rahmens die Wahl sowohl von Arbeitsformen (z. B. TG oder Plenum, niedrig strukturiert oder themenzentriert, Einsatz von Übungen) als auch von Themen aus dem Prozess heraus zu gestalten.

Von einer derart gestalteten Kontextsteuerung, die den gruppendynamischen Prozess dadurch beeinflusst, dass sie die Bedingungen verändert, unter denen er stattfindet, sind zu unterscheiden all die Möglichkeiten der Prozesssteuerung, d. h. das konkrete und flexible Handeln des Trainers *in* der jeweiligen Situation. Dieses Handeln ist genauso vielfältig wie die Situationen, die in einem Training entstehen können. Wir haben es hier im echten Sinne mit einer Kunstfertigkeit zu tun, die zwar bestimmten Regeln folgt, wie sie die Arbeitsprinzipien der Gruppendynamik vorgeben, aber nicht in den Regeln aufgeht, wie dies für jeden kreativen Prozess gilt und sich in der Einnahme bestimmter Haltungen zeigt. Diesem „Kunsthandwerk" widmen sich die folgenden Abschnitte.

9.2 Sich raushalten und einmischen – Abstinenz und Auseinandersetzung

Dies führt zur ersten Charakterisierung der Trainerrolle: TrainerInnen tun nichts, was die TeilnehmerInnen selber tun können! Sie zeigen ihnen höchstens auf, *dass* und inwiefern sie dies selber können, und stellen sich für ihre Suchprozesse zur Verfügung, um herauszufinden, was sie dafür tun können bzw. was sie davon abhält, dies zu tun. Die TrainerInnen bleiben also abstinent in dem Sinne, dass sie keine Verantwortung für die verhandelten Inhalte übernehmen, sondern vorrangig für den Verhandlungsprozess selber. Es braucht in der Regel eine Weile, bis die TeilnehmerInnen diesen Unterschied begreifen und akzeptieren und die darin enthaltene Herausforderung annehmen. Begleitet wird dies von allerlei emotionalen und kognitiven Turbulenzen, dem einen oder anderen Tief- oder Hochdruckgebiet, gelegentlichen Gewittern und sonnigen Perioden. In den unweigerlichen Auseinandersetzungen der Gruppe über diese Turbulenzen steht die Trainerin oder der Trainer nicht abseits und schaut zu, sondern stellt sich – manchmal auch ungefragt – für diesen Klärungsprozess zur Verfügung. Auch das kann eine Weile brauchen, bis die TeilnehmerInnen dies akzeptieren. Wenn sie sich bislang schon so rausgehalten haben, dann sollen sie auch jetzt draußen bleiben, so ein häufiger Impuls.

Das Wechselspiel zwischen Aktivität und Passivität, zwischen Abstinenz und Auseinandersetzung bleibt zwar in seinen Grundsätzen erhalten, verändert sich aber im Verlaufe des Trainings. Denn in dem Maße, wie die TeilnehmerInnen das Abenteuer der T-Gruppe annehmen und das Geschehen aktiv und strukturierend in die Hand nehmen, können sich TrainerInnen im Prozess stärker einmischen, ohne der Gruppe etwas abzunehmen. Die Kontextsteuerung durch die TrainerInnen wird somit eher abnehmen, die Prozesssteuerung eher zunehmen. Ihre Zurückhaltung wird ausbalanciert durch die Bereitschaft, sich der Gruppe und ihren einzelnen Mitgliedern auf ihrem Lernweg in der Auseinandersetzung als Person zur Verfügung zu stellen. Abstinenz heißt nicht, dass die TrainerInnen sich außerhalb des gruppalen Beziehungsnetzes stellen und als Person unerreichbar bleiben. Sie arbeiten nicht nur an den Beziehungen der anderen, sondern auch an und in der Beziehung zu ihnen als Trainer oder Trainerin.

9.3 Zur Selbsterforschung einladen – Forschende Einstellung und Reflexivität

Die Aktivierung der TeilnehmerInnen durch die TrainerInnen zielt nicht nur darauf ab, sie dazu herauszufordern, die Situation selbst in die Hand zu nehmen, sondern auch, sie zur Erforschung dieser Situation, der Gruppe und ihrer selbst einzuladen. Die Aufgabe der TrainerInnen ist es, die TeilnehmerInnen in die dazu notwendigen Erfordernisse der Forscherrolle einzuführen. Das Besondere dieser Rolle ist es, dass Subjekt und Objekt der Forschung zusammenfallen, da die TeilnehmerInnen sich selber erforschen. Die Gruppe pendelt also zwischen Handeln und der Untersuchung dieses Handelns hin und her. Und je mehr die TeilnehmerInnen einer Gruppe sich und ihre Wahrnehmungen den anderen zur Verfügung stellen, umso mehr können sie über sich und die anderen lernen. Während man als TrainerIn auf der Handlungsebene die Experimentierfreudigkeit zu fördern versucht, so lädt man zugleich die TeilnehmerInnen der Gruppe dazu ein, diesem Handeln gegenüber eine forschende, d. h. reflexive Einstellung einzunehmen. Eine Hauptaufgabe von Leitung und Steuerung besteht darin, der Gruppe beim Übergang zu helfen von der einen auf die andere Ebene und zurück, sei es durch die Initiierung von Feedbackprozessen oder die Schaffung von experimentellen Situationen.

Bei der Selbsterforschung gehen die TrainerInnen nicht in die Rolle von ExpertInnen, die den TeilnehmerInnen erklären, was sie gerade erleben. Sondern sie fordern sie dazu auf, selbst Hypothesen zu bilden über das Geschehen und diese Hypothesen mit denen der anderen zu vergleichen. Innerhalb dieses Abgleiches der unterschiedlichen Erlebens- und Sichtweisen stellen die TrainerInnen den TeilnehmerInnen ihr Wissen zur Verfügung, um wiederkehrende Muster und Regelhaftigkeiten sichtbar zu machen als das, was das besondere Interaktionssystem Gruppe ausmacht.

9.4 Standpunkte ohne Wertungen – Neutralität und Allparteilichkeit

Der Forschungsprozess der Gruppe findet nicht in der Ruhe eines Studierstübchens statt, sondern mitten in den Turbulenzen des Geschehens selber. Vor allem die Anfangsphase einer T-Gruppe ist eine fortwährende Überforderung für jeden Einzelnen. Jeder versucht erst einmal, für sich einen Platz zu finden, und stößt dabei auf die anderen, die dies auch tun. Sichtweisen und Wertewelten prallen aufeinander, Sympathien und Antipathien zeigen sich, Mehrheiten und Minderheiten bilden sich. Die Rolle der TrainerInnen zeichnet sich nun dadurch aus, dass sie einen besonderen Standpunkt im Hinblick auf die unterschiedlichen Standpunkte der Gruppenmitglieder einnehmen. Sie bewerten die Sichtweisen der Gruppenmitglieder nicht, sondern versuchen, sie sowohl in ihrer jeweiligen individuellen Besonderheit als auch im Kontext des Gruppenprozesses zu verstehen, d. h. in ihrer gegenseitigen Verschränkung und Bezugnahme als Relationen im entstehenden Beziehungsnetzwerk der Gruppe.

Diesem Ideal der Bewertungsneutralität ist nicht nur durch die Person des Trainers oder der Trainerin eine Grenze gesetzt sowie durch die Wertentscheidungen, die ihre Arbeit prägen, sondern

9. Die Rolle des Trainers und der Trainerin: Begleiten, Führen, Steuern

auch durch die Erfordernisse der Rolle selber. Denn es kann Aufgabe der TrainerInnen sein, vorübergehend Partei zu ergreifen, um bestimmten Standpunkten überhaupt zum Ausdruck zu verhelfen, wie im Beispiel auf S. 57 gezeigt. Diese (All-)Parteilichkeit bleibt aber flexibel, sie zieht sich auch wieder zurück oder wechselt schon mal die Seiten.

In der Wahrnehmung der TeilnehmerInnen kommt der Sichtweise der TrainerInnen eine besondere Macht zu, die aus den vielfältigen Zuschreibungen gegenüber der Trainerrolle entsteht. Als TrainerIn sollte man sich vor den Suggestionen dieser Zuschreibungen und ihrem narzisstischen Gewinn wappnen und bereit sein, die Annahmen transparent zu machen, auf denen die eigene Sichtweise beruht. Ihr Standpunkt steht nicht über den Dingen, sondern in spezifischer Relation zu ihnen und erwächst aus der Rolle. Diese ist räumlich und zeitlich begrenzt.

9.5 Streiten verbindet – Kooperation und Widerstand

Innerhalb der Grenzen der Rolle stellen sich die TrainerInnen der Gruppe ganz zur Verfügung. Einerseits laden sie zur Kooperation in der Selbsterforschung ein, andererseits halten sie auch die Affekte aus, die ihnen aus der Gruppe entgegengebracht werden. Es ist zwar ihre Aufgabe, ein spezifisches Lernfeld zu eröffnen und aufrechtzuerhalten. Aber es ist nicht ihre Aufgabe, dafür zu sorgen, dass dabei alle mit allem zufrieden sind. Die affektive Aufrüttelung, von der Kurt Lewin sprach, trifft selten auf ungeteilte Gegenliebe. Es kann im Gegenteil zu heftigen Angriffen und Vorwürfen kommen, was das hier alles soll und wie man so mit Menschen umgehen könne.

Möglichen Forderungen, Angriffen, Kritiken und Affekten gegenüber nehmen die TrainerInnen eine doppelte Haltung ein. Einerseits lassen sie sich dadurch nicht in ihrer Einladung zur Selbsterforschung beirren und akzeptieren die vorgebrachten Einwände und Emotionen als Teil dessen, was es zu erforschen gilt. Andererseits bieten sie den Angriffen auch eine Front und versuchen nicht, sie durch freundliche Reflexivität ins Leere laufen zu lassen. Indem sie den Streit annehmen, nehmen sie auch die Streitenden an und

9.5 Streiten verbindet – Kooperation und Widerstand

signalisieren, dass ihr Anliegen es verdient, sich darüber zu streiten. Sie nehmen das Gegenüber ernst und versuchen gleichzeitig, sich nicht so in den Streit verwickeln zu lassen, dass der Weg des Verstehens verbaut ist. Dies ist für alle Beteiligten nicht immer Zuckerschlecken, und eine solche Phase des Kampfes und Widerstandes kann eine Weile andauern. Gerade in diesen Phasen entdeckt eine Gruppe ihre Fähigkeit, Konflikte auszuhalten und zu bearbeiten, und stärkt dadurch ihren Zusammenhalt.

Die Bereitschaft der TrainerInnen, sich als Gegenüber zur Verfügung zu stellen, bleibt in zweifacher Hinsicht begrenzt. Zum einen müssen sie sich davor in Acht nehmen, sich in einen Kampf auf einer Metaebene verwickeln zu lassen, in dem es darum geht, wer die Bedingungen des Kampfes bestimmt, und die Reflexivität zu einem Mittel des Kampfes zu werden droht. Man kann aber auch nicht eine soziale Situation erforschen, wenn diese selbst infrage gestellt oder gar versucht wird, sie aufzulösen. Hier hilft es, dass sich die TrainerInnen als Teil der gemeinsamen Situation und der in ihr entstehenden Probleme sehen können. Gruppendynamik als Methode ist eben auch eine Zumutung und Provokation und soll dies auch sein. Diese Zumutung ist aber nicht Selbstzweck, sondern sie steht im Dienst des sozialen Lernens und damit der Lernenden (und nicht der TrainerInnen). Können oder wollen die TeilnehmerInnen die Bedingungen eines solchen Lernens nicht annehmen, indem sie z. B. den Kontext des Trainings oder die TrainerInnen in ihrer Rolle dauerhaft nicht annehmen können, gilt es, dies zu akzeptieren. In der Regel liegt dann ein Fehler auf der Ebene des Kontraktes vor, Angebot und Erwartungen sind, zumeist im Vorfeld, nicht ausreichend geprüft und ausgehandelt worden.

Zum anderen achten die TrainerInnen auf ihre persönliche Integrität. Sie müssen sich nicht alles gefallen lassen, und es gibt persönliche Angriffe, die jegliche Kooperation ausschließen, sodass sie zurückgewiesen oder beendet werden sollten. Dies setzt voraus, dass die TrainerInnen ihre spezifischen Gegenübertragungstendenzen kennen (vgl. S. 103 f.) und die Punkte, an denen sie selbst verletzlich sind. Ein persönliches Wort, das für den Augenblick aus der Rolle hinausgeht, kann in einer solchen Situation die letzte Möglichkeit sein, das Gegenüber zu erreichen. Wenn auch das nicht geht, dann hilft zumeist nur noch, die Grenzen seiner Möglichkeiten anzuerkennen und die Zusammenarbeit zu beenden.

9.6 Ruhe und Bewegung schaffen – Steuerung und Gegensteuerung

Nicht immer jedoch ist das Geschehen in T-Gruppen so turbulent, im Gegenteil. Viel häufiger sind, zumindest am Anfang, Phasen der Ratlosigkeit und des Rückzuges. Es wird viel geschwiegen, und entstehende Gespräche brechen schnell wieder ab. Die Wünsche gegenüber den TrainerInnen nach Leitung und Versorgung, die diese nicht in der erwarteten Form erfüllen, sind einer sanften Resignation gewichen. Während in den Anfängen der Gruppendynamik daraus wahre Schweigewettbewerbe entstehen konnten, die manche TrainerInnen in der Wahrung ihrer Abstinenz als unumgänglich deklarierten, so sehen wir heute unsere Aufgabe darin, den Gruppenmitgliedern aus dieser Lähmung herauszuhelfen, auch wenn damit unweigerlich die latenten Versorgungswünsche zumindest teilweise erfüllt werden. Es geht dann darum, das Schweigen zu durchbrechen; mögliche nächste Schritte aufzuzeigen; die Veränderungen zu benennen, die schon stattgefunden haben, um Mut zu weiteren Veränderungen zu wecken; Kontaktaufnahmen und Feedbackprozesse zu initiieren und zu unterstützen.

Diese Steuerung ist vorsichtig und ausdauernd zugleich. Sie hilft der Gruppe nicht nur über die Schwierigkeiten des Anfanges, sondern auch in späteren Phasen, wenn für Einzelne oder die Gruppe als ganze emotional belastende Themen auftauchen. Die TrainerInnen „halten" die Gruppe bzw. helfen ihr dabei, sich selbst als Container zu verstehen, in dem alles und alle gut aufgehoben sind.

Neben dieser besonderen Haltefunktion üben die TrainerInnen vielfältige Steuerungsfunktionen aus, die die TeilnehmerInnen erst allmählich als solche entdecken. Dies betrifft nicht nur den Umgang mit der Strukturierung eines Trainings, z. B. den Wechsel von der T-Gruppe ins Plenum oder in eine Arbeitsgruppe, und die Instruktion von Auswertungsfragen (vgl. S. 64 f.), sondern auch im niedrig strukturierten Rahmen der T-Gruppe selber steuern sie das Geschehen mit, indem sie nachfragen, Initiativen unterstützen, Bilder und Metaphern anbieten usw. Ihre Steuerungsfunktionen verstehen die TrainerInnen dabei nicht als eine lineare Beeinflussung des Geschehens. Sie wissen, dass Intention und Wirkung ihrer Interventionen immer nur partiell übereinstimmen, und sehen ihre Interventionen in einem fortwährenden Rückkoppelungsprozess mit den Selbststeuerungskräften der Gruppenmitglieder verzahnt. In diesem Sinne schwimmen sie mit dem Strom der Gruppe und unterstützen deren Entwicklungsimpulse und -richtungen.

Doch dies macht nur einen Teil ihrer Steuerung aus. Denn sie unterstützen nicht nur, sondern schwimmen auch gegen den Strom, indem sie ganz gezielt Abläufe und Muster, Situationen und Gewohnheiten stören. Da ihr Verhalten, wie letztendlich alles pädagogische, beraterische oder therapeutische Handeln, auf Veränderung ausgelegt ist, unterbrechen sie mit dieser Störung und Gegensteuerung erst einmal die eingespielten Verhaltensmuster der Gruppe und schaffen Situationen, die neu sind. Die bisherigen Bewältigungsmechanismen der Gruppe stoßen dabei an ihre Grenzen. Die Gruppenmitglieder erleben sich zumindest als partiell inkompetent, und es gilt daher, die Gegensteuerung so zu timen und zu dosieren, dass die Herausforderung von der Gruppe angenommen werden kann. Diese Gegensteuerung setzt oft gerade in dem Moment ein, in dem sich die Gruppe auf dem Erarbeiteten ausruhen möchte, die TrainerInnen werden zu „Spielverderbern".

9.7 Handwerk und Haltung – das gruppendynamische Verständnis von Intervention

Auf der unmittelbaren Ebene des Handelns benutzen GruppendynamikerInnen nicht den abstrakten Begriff der Steuerung, sondern reden von Intervention. In und mit ihren Interventionen zeigen sich TrainerInnen als HandwerkerInnen, allerdings ohne einem technokratischen Verständnis ihrer Rolle anzuhängen. Interventionen sind demnach selten genau geplant, sondern werden situationsangemessen aus den geschilderten Haltungen heraus generiert. Ein

9. Die Rolle des Trainers und der Trainerin: Begleiten, Führen, Steuern

wichtiges Mittel zur Produktion passender Interventionen ist die Reflexion der Gruppensituation im Staff, dem gruppendynamischen Leitungsteam. Trainings, aber auch T-Gruppen, Workshops etc. werden nach Möglichkeit zu zweit geleitet, sodass im kollegialen Austausch das weitere Vorgehen, die Richtung der Interventionen, die anzusprechenden Themen etc. besprochen werden können. Trotzdem bleiben die TrainerInnen in der Situation auf ihr Gespür und ihr Bild von der Situation angewiesen.

Zum professionellen Handeln werden Interventionen dadurch, dass sie reflektiert und begründet werden können. Genau dazu ist der Systematisierungsvorschlag von Bert Voigt und Klaus Antons nützlich. Sie definieren Intervention folgendermaßen (2006, S. 226):

> „Eine Gruppenleiterintervention ist ein theorie- und indikationsbezogenes, absichtsvolles Verhalten, das darauf gerichtet ist, Veränderungen im Prozess einer Gruppe oder ihrer Mitglieder zu bewirken."

In diese Definition gehen mehrere Prämissen ein. Es wird von der professionellen Rolle eines Gruppenleiters ausgegangen, dessen Handeln gezielt ist, zumindest im Nachhinein theoretisch-konzeptionell begründet werden kann und ermöglichend ist, also zukunftsorientiert. Das Modell hilft dabei, den eigenen Interventionsstil insgesamt und die eigenen bevorzugten Interventionsrichtungen zu analysieren und das eigene Spektrum, passend zur jeweiligen Situation, zu erweitern.

Voigt und Antons versuchen, die Vielfalt möglicher Interventionen anhand von vier Dimensionen zu gliedern. Die *erste* Dimension bezieht sich auf die Rahmung jeglicher Interventionen. D. h., sie beschreibt die *Ziel*ebene anhand des Kriteriums, in welchem Ausmaß die Reflexion von Beziehungen und Prozessen Thema der jeweiligen Gruppe bzw. wo die Gruppe im Spektrum zwischen ihrer inneren und äußeren Umwelt angesiedelt ist (vgl. S. 25 f.). Am einen Ende des Kontinuums steht der themenorientierte Workshop ohne jeglichen Einbezug der aktuellen Gruppe, am anderen Ende das klassische gruppendynamische Training, in dem es ausschließlich um die Beziehungen im Hier und Jetzt geht.

9.7 Handwerk und Haltung

Auf der *zweiten* Dimension beschreiben sie vier grundlegende *Arten* von Interventionen: Als *struktursetzende Intervention* verstehen sie das, was wir als Kontextsteuerung beschrieben haben; *Interventionen zur Auswertung* benennen eine zentrale Funktion der TrainerInnen, von der Handlungsebene auf die Ebene der Reflexion zu führen, die Aufforderung zur Metakommunikation also; *gruppen-* bzw. *gruppenprozessbezogene Interventionen* bezeichnen alle jene Interventionen, die in das Geschehen der Gruppe eingreifen, z. B. durch die Mitteilung einer Beobachtung, durch eine Stellungnahme, das Angebot einer Deutung, eines Bildes, einer Metapher. Und zu guter Letzt gibt es natürlich auch *personenbezogene Interventionen*, mit denen die TrainerInnen sich an ganz konkrete einzelne Gruppenmitglieder wenden.

Auf der *dritten* Dimension unterscheiden Voigt und Antons fünf *Ebenen*, die von den manifesten bis zu den latenten Bedeutungen des Prozesses reichen, die verschiedene Schichten des Eisberges (vgl. S. 26 f.) also sowohl oberhalb wie unterhalb der Wasserlinie untersuchen, ohne dass dies eine Hierarchie implizieren würde.

Das Achsenschema

1. Ziel
– Reflexivität ist nicht vereinbart bzw. „tabu"
– Reflexivität, soweit Beziehungsstörungen die Arbeit verhindern
– Reflexivität ist wichtig, soweit zum Thema gehörig
– Reflexivität und Beziehungsklärung sind Ziel und Zweck

2. Art
– struktursetzende Intervention
– Intervention zur Auswertung eines Prozesses
– gruppen- bzw. gruppenprozessbezogene Intervention
– personenbezogene Intervention

4. Intensität
– tangentiales Ansprechen
– direktes Ansprechen
– Konfrontation

3. Tiefe
– strukturelle Ebene
– thematisch-sachliche Ebene
– Ebene der psychosozialen Interaktionsdynamik
– Beziehungs-Bedeutungs-Ebene
– kollektiv-existentielle Ebene

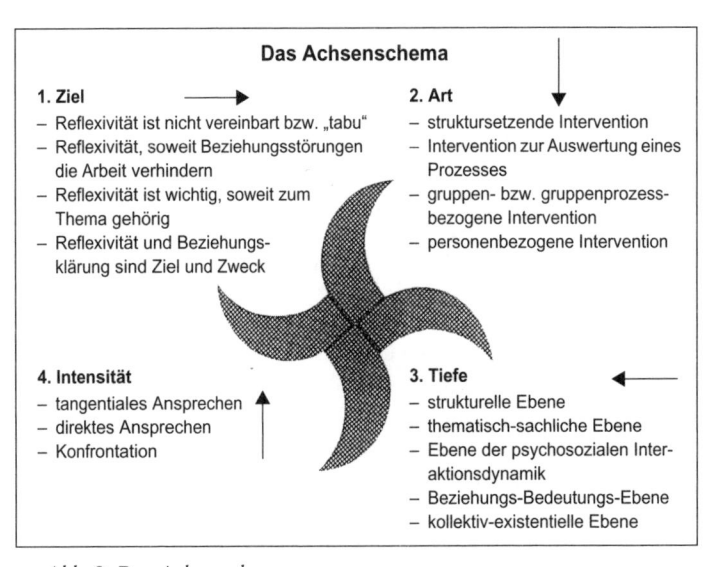

Abb. 9: Das Achsenschema

9. Die Rolle des Trainers und der Trainerin: Begleiten, Führen, Steuern

Auf der *strukturellen Ebene* werden jene Themen angesprochen, die offizielle Rollen, Normen und Absprachen betreffen, z. B. über Arbeitszeiten, Pausen. Auf der *thematisch-sachlichen Ebene* sind all die Tätigkeiten angesiedelt, die mit der Aufgabe einer Gruppe zusammenhängen, also das Informieren und Erklären, die Bitte um Stellungnahmen und Meinungen oder Vorschläge zum weiteren Vorgehen. Die *Ebene der psychosozialen Interaktionsdynamik* bezeichnet die im engeren Sinne gruppendynamischen Aspekte, das Geflecht der Beziehungen im aktuellen Hier und Jetzt der Gruppe, wie sie sich in der Interaktion herausbilden und zeigen. Die *Beziehungs-Bedeutungs-Ebene* zielt darauf ab zu untersuchen, welche biografischen Erfahrungen das Handeln der einzelnen Gruppenmitglieder mitbestimmen, d. h., zu welchen Übertragungs- und Gegenübertragungsreaktionen sie untereinander oder dem Leiter gegenüber tendieren. Die *kollektiv-existenzielle Ebene* spricht alle jene Fragen an, die sich auf menschliche Grunderfahrungen wie Geburt und Tod, Einsamkeit oder Glück beziehen.

Mit der *vierten* Dimension werden die Fragen von Steuerung und Gegensteuerung, von Konflikt und Widerstand über die angestrebte *Intensität* einer Intervention erfasst. Das *tangentiale Ansprechen* bezeichnet all das, was die TrainerInnen im Verlauf der Arbeit einfließen lassen ohne großen Nachdruck, z. B. Zusammenfassungen, Anregungen, Nachfragen. Im Unterschied dazu steht ein *direktes Ansprechen*, das mit Nachdruck bestimmte Themen benennt, Stellung bezieht, unterbricht, auf Vermiedenes hinweist. Nur graduell davon unterschieden ist die *Konfrontation*, die, in deutlicher Sprache formuliert, etwas in den Vordergrund bringt und hält, und dies auch gegen den Widerstand einzelner oder der Gruppe als ganzer.

Um einen Eindruck vom eigenen Interventionsverhalten zu bekommen, ist es eine gute Übung, ca. zehn Interventionen wortwörtlich aufzuschreiben und dann zu versuchen, sie jeweils auf allen vier Dimension einzuordnen. Mit großer Wahrscheinlichkeit werden die Dimensionen recht unterschiedlich besetzt sein, manche Kategorien gar nicht, andere dagegen übermäßig. In einem zweiten Schritt kann dann untersucht werden, ob diese Verteilung mit der jeweiligen Leiterrolle zusammenhängt, aus der heraus sich manche Interventionen quasi verbieten, andere hingegen im Vordergrund stehen. In einer Arbeitsgruppe z. B. zielen Intervention eher nicht auf Selbsterfahrung, sind daher häufiger struktur- und weniger prozessbezogen, eher thematisch-sachlich orientiert und selten konfrontativ. In einer Therapiegruppe hingegen spielt die Selbsterfahrung eine zentrale Rolle, entsprechend auch die Ebene der Interaktionsdynamik und die Beziehungs-Bedeutungs-Ebene, während die thematisch-sachliche Ebene in den Hintergrund tritt usw.

9.8 Die gute und die schlechte Hilfe – Ressourcenorientierung und Problemorientierung

In Zeiten, in denen sich alle TrainerInnen und BeraterInnen gerne als ressourcenorientiert bezeichnen, kann gerade die Gegensteuerung hochgradig irritierend sein, da sie eine Gruppe mit dem konfrontiert, was sie nicht kann bzw. was nicht oder noch nicht geht. Die TrainerInnen werden als „böse", die Methode als zu problemorientiert erlebt.

Nun hat die Gruppendynamik in der Auseinandersetzung mit systemischem und ressourcenorientiertem Denken sicherlich einen Wandel durchgemacht, der sie von der vorherrschenden Konflikt- und Problemorientierung weg und zu mehr Lösungsorientierung hingeführt hat. Zugleich bewahrt sie einen Standpunkt, dem zufolge alles soziale Geschehen, vor allem jeder soziale oder persönliche Wandel, notwendigerweise konflikthaft ist. Unterschiedliche Sichtweisen in einer Gruppe oder echte Interessengegensätze können, so gesehen, nicht „gelöst" werden. Vielmehr entwickelt die Gruppe einen Weg, mit diesen Gegensätzen umzugehen. Sicherlich ist es hilfreich, wenn sie dazu alle ihr zur Verfügung stehenden Ressourcen entdecken und aktivieren kann. Doch ebenso hilfreich ist es, dass eine Gruppe ein Problem überhaupt als solches anerkennt und die Begrenzung ihrer Ressourcen sehen kann.

Ressourcenorientierte Veränderungsstrategien versuchen, Bedingungen zu schaffen, in denen die Betroffenen eine temporäre Kompetenz erleben, die sie bislang nicht einzusetzen wussten. Gruppendynamische TrainerInnen hingegen bescheren einem

9. Die Rolle des Trainers und der Trainerin: Begleiten, Führen, Steuern

schon mal das Erlebnis einer „temporären Inkompetenz". Denn gegenüber einer verabsolutierten Ressourcenorientierung „gehen GruppendynamikerInnen davon aus, dass die Herausforderung, die in der Gegensteuerung und der Konfrontation liegt, die entstehende Abhängigkeit von förderlichen Rahmenbedingungen mindert, die persönliche Abhängigkeit von TrainerInnen weniger wahrscheinlich macht und zur Eigenaktivität anregt" (Antons et al. 2004, S. 49). Ressourcenorientierte Ansätze kennzeichnen sich alle durch eine hohe TrainerInnen- und BeraterInnenaktivität: In der Gruppendynamik kann man lernen, dass dies zwar auf der Vorderbühne aktiviert, dabei auf der Hinterbühne jedoch neue Abhängigkeiten entstehen.

Letztendlich berührt das Verhältnis von Problem- und Ressourcenorientierung auch die Frage der sozialen Wahrnehmung als des zentralen Lernfelds der Gruppendynamik. Folgen wir der Annahme, dass wir die Welt in unserer Wahrnehmung konstruieren, dann verändert sie sich, je nachdem mit welchen Grundannahmen wir einem sozialen Geschehen oder einer Person gegenübertreten. Beide Seiten dieses Gegensatzes bringen daher eine Einschränkung der Wahrnehmung mit sich. Während früher TrainerInnen manchmal in Konflikten und Problemen hängen blieben, so passt für das andere Extrem der Witz: Fragen Sie nie ressourcenorientierte TrainerInnen nach ihrer Meinung, sie sagen Ihnen sowieso nicht, was sie denken!

10. Soziale Kompetenzen für die Arbeit in Gruppen

*„Auf welche sozialen Kompetenzen kommt es in Gruppen an?
Welche sozialen Kompetenzen kann man auf einem
gruppendynamischen Training lernen?
Was wird in gruppendynamischen Trainings eigentlich trainiert?"*

Für Mitglieder von Gruppen und besonders für Menschen, die Gruppen leiten und beraten, ist es notwendig, einen Blick für die Dynamik von Gruppen zu entwickeln, so wie es in den bisherigen Kapiteln beschrieben wurde. Dieses Erfahrungswissen kann man in gruppendynamischen Trainings, durch die Reflexion von Gruppensituationen in Supervision oder kollegialer Beratung und durch das begleitende Studium erwerben. Zum Abschluss des Buches möchten wir auf die sozialen Kompetenzen eingehen, die wir für die erfolgreiche Arbeit in und mit Gruppen für zentral halten und die wir in gruppendynamischen Trainings trainieren – und eben nicht unterrichten. Der Begriff „Training" betont, dass es um die Übung, die Verbesserung und die fortlaufende Erweiterung der eigenen Kompetenzen und nicht um ihren einmaligen Erwerb geht.

10.1 Sich selbst und andere wahrnehmen – Wahrnehmung und Übertragung

Da die Gruppendynamik die sozialen Wahrnehmungsprozesse in Gruppen zum zentralen Gegenstand erhebt, ist es plausibel, dass hier auch ein wesentliches individuelles Lernfeld liegt. Dieses Lernen über Wahrnehmung ist essenziell auf andere angewiesen. Erst in den Augen der anderen können wir uns selbst kennen lernen. Die T-Gruppe bietet die Möglichkeit, unsere individuelle Wahrnehmungs- und Forschungsbrille mit denen der anderen Gruppenmitglieder zu kontrastieren, Selbst- und Fremdwahrnehmung abzugleichen. Im Austausch mit anderen lernen wir nicht nur, wie wir von anderen wahrgenommen werden und wie wir andere wahrnehmen, sondern auch, auf welchen Erfahrungen unsere Wahrnehmungen beruhen und welche Konstrukte wir uns angeeignet haben, um uns diese Erfahrungen und damit die Welt zu erklären.

Zum Verständnis von Wahrnehmungsprozessen hilfreich ist das aus der Psychoanalyse übernommene Modell von *Übertragung und Gegenübertragung* (Oberhoff 2006). Mit Übertragung in einem allgemeinen Sinne ist erst einmal nur die angesprochene Tendenz gemeint, gegenwärtige Erfahrungen vor dem Hintergrund früherer Erfahrungen wahrzunehmen und zu beurteilen. Dies betrifft sowohl Personen wie Situationen. Einschränkend werden solche Übertragungsprozesse in dem Moment, wo bestimmte Auslöser unsere Wahrnehmung quasi einrasten lassen und wir im Neuen nur noch die Wiederholung des Alten sehen können. Dies kann gegenüber Personen geschehen, die uns in irgendeiner Weise an wichtige Figuren aus der Vergangenheit erinnern, z. B. an Mutter und Vater oder die Geschwister. Sind diese Bilder aus der Vergangenheit stark affektgeprägt, können sie sich über die Gegenwart stülpen. Die andere Person erscheint dann ganz wie der Vater oder die Mutter. Alles andere blenden wir aus, sodass wir unser Gegenüber nicht mehr in seiner Eigenheit wahrnehmen können. Stattdessen reagieren wir dann so, wie wir früher gegenüber den Eltern reagiert haben. Solche Übertragungsprozesse machen sich nicht immer an konkreten Personen, sondern auch an Situationen fest. Das aktuelle Geschehen erscheint uns dann ganz wie ein Geschehen aus der Vergangenheit. Die Psychoanalyse spricht hier von *szenischer Übertragung*.

In einer Gruppe entfaltet sich eine multiple Übertragungsdynamik zwischen allen Beteiligten inklusive der TrainerInnen. Durch die Gegenüberstellung von unterschiedlichen Selbst- und Fremdwahrnehmungen lassen sich die jeweils individuellen Übertragungsmuster erkennen. Verhaken sich z. B. zwei Teilnehmer konflikthaft, so helfen die Wahrnehmungen dieses Konflikts durch die anderen dabei, diese Muster als solche zu erkennen. Umgekehrt reagieren wir auch auf die Übertragungen, die andere an uns herantragen. Werden wir z. B. sofort selber aggressiv, oder ziehen wir uns zurück, sobald uns jemand aggressiv entgegentritt?

Der Begriff der *Gegenübertragung* zielt nicht nur auf diese Reaktionen, sondern bezeichnet in einem allgemeinen Sinne alle Affektlagen, die LeiterInnen, BeraterInnen usw. ihren TeilnehmerInnen bzw. KlientInnen gegenüber entwickeln. Gerade die LeiterInnen von Gruppen und Teams können Ziel von vielfältigen positiven wie negativen Übertragungen von Gruppenmitgliedern sein. Sie sollten daher ihre dadurch ausgelösten Gegenübertragungstendenzen kennen, nicht nur, um sie steuern zu können, sondern auch, um sie als wichtige Informationen für das Verständnis des Geschehens in einer Gruppe nutzen zu können.

10.2 Sich trauen und mitteilen – Spontaneität und Ausdrucksfähigkeit

Unsere Wahrnehmungen wahrzunehmen ist das eine, sie in der Situation dem Gegenüber nachvollziehbar mitteilen zu können ist das andere. Feedbackprozesse zu Wahrnehmungen erweitern die Fähigkeiten, seine Wahrnehmungen sprachlich zu vermitteln. Die genannten Feedbackregeln (vgl. S. 87 f.) dienen vor allem dazu, diesen Lernprozess zu fördern. Ein gutes Feedback zu geben bedarf der sprachlichen Sorgfalt, Konkretheit und Nachvollziehbarkeit. Bilder und Metaphern helfen dabei, den sprachlichen Ausdruckskanon zu erweitern. Dabei gilt es, nach einem adäquaten Ausdruck zu suchen, ohne die Spontaneität zu verlieren. Wenn ich erst alle meine Wahrnehmungen abwäge, bevor ich sie mitteile, dann ist nicht nur längst die Situation vorbei, auf die sich die Wahrnehmung bezieht. Vielmehr lässt diese Verzögerung den emotionalen Teil der Rückmeldung, der von zentralem Informationswert ist, allmählich in den Hintergrund treten, bringt ihn manchmal gar zum Verschwinden. Umgekehrt kann es sinnvoll sein, die eigene Gefühlsreaktion dem Gegenüber nicht als Feedback verkleidet überzustülpen, sondern erst einmal innerlich „um den Block zu gehen".

Letztendlich läuft die Balance zwischen Spontaneität und adäquatem Ausdruck auf ein Paradox hinaus. Die Teilnehmer einer Gruppe können nur so viel voneinander lernen, wie sie sich als Information gegenseitig zur Verfügung stellen. Würden sie sich aber andauernd und ungefiltert alles sagen, was ihnen durch den Kopf geht – was ohnehin nicht möglich ist –, würde dies dazu führen, dass sich alle vor dieser Informationsflut schützen müssten. Das

Ziel ist nicht maximale, sondern *optimale Offenheit*. Wie dieses Optimum zu bestimmen ist, das kann man wiederum nur durch Versuch und Irrtum herausfinden. Will ich zudem etwas über meine Übertragungsbereitschaften und -muster und die dazugehörigen Affektlagen lernen, so geht dies nur, wenn ich diese Affekte auch zeige. Erst dann eröffnet sich die Chance, diese Affekte als solche kennen zu lernen, sie (gegebenenfalls therapeutisch) zu bearbeiten und adäquatere Ausdrucksformen für sie zu finden. In dem Maße, wie dies gelingt, kann ich meiner Spontaneität vertrauen und mich von ihr leiten lassen.

10.3 Seine eigene Vielfalt entdecken und entwickeln – Rollenflexibilität

Selbsterfahrung in der Gruppe bedeutet, dass ich Seiten an mir entdecken und kennen lernen kann, die mir bislang verborgen waren und nicht für die Gestaltung von Beziehungen und Situationen zur Verfügung standen. Die T-Gruppe ist ein guter Ort dafür, diese Vielfalt zu entwickeln. Zwei Reaktionsmuster stehen dabei dem Lernprozess entgegen. Manche Personen reagieren auf die initiale Verunsicherung der T-Gruppe mit einer Verhärtung ihrer Sichtweisen, weil sie sonst mit der Situation nicht zurechtkommen, andere wiederum finden, dass (fast) alles irgendwie auch mit ihnen zu tun hat. Ihre Rückmeldungen sind unverbindlich, und ihr Handlungsspielraum bleibt weiterhin eng.

In der Multiperspektivität der Gruppe seine Vielfalt zu entdecken heißt etwas anderes. Es geht darum, auf die Unterschiedlichkeit von Personen und Situationen auch unterschiedlich und damit angemessener reagieren zu können: Gefühle der Nähe und Zuneigung ebenso ausdrücken zu können wie das Spüren von Distanz; Sympathien und Antipathien zulassen und so vermitteln zu können, dass ihre Grundlagen für das Gegenüber nachvollziehbar sind; auch harte Auseinandersetzungen einzugehen, ohne dem anderen einen grundlegenden Respekt zu entziehen. Die Individualität des eigenen Standortes wird also entwickelt und relativiert zugleich.

Die Entwicklung einer größeren Vielfalt von Beziehungsmöglichkeiten und -fähigkeiten erfasst die Person als ganze. Dennoch bleibt der Unterschied bedeutsam, ob diese Vielfalt im privaten oder im beruflichen Bereich zur Wirkung kommt. Da die Teilnehmer einer T-Gruppe zumeist etwas für ihre berufliche Rolle lernen wollen, gilt es zu beachten, dass diese Vielfalt durch die Erfordernisse der Rolle begrenzt wird. Berufliche Rollen beziehen sich immer nur auf einen Ausschnitt der Person und schließen andere Bereiche aus. Dies gilt auch und gerade für die beruflichen Rollen, die den Anspruch enthalten, die „ganze" Person des Gegenübers wahrzunehmen, also z. B. für gruppendynamische TrainerInnen oder auch PsychotherapeutInnen. Die persönliche Vielfalt zeigt sich dann in einer Rollenflexibilität, die sich ihrer Begrenzungen bewusst bleibt.

10.4 Konflikten und Emotionen standhalten – Emotionale Stabilität und Belastbarkeit

Die T-Gruppe und die Vielfalt ihrer Mitglieder eröffnet zwar ein breites Lernfeld, es bleibt aber immer unvorhersehbar, was als jeweils Nächstes passieren wird, und es ist daher auch nicht planbar, was wann wie gelernt wird. Anhänger einer durchorganisierten Didaktik sollten T-Gruppen daher meiden. Gruppendynamik ist nicht Unterricht, sondern „Indoor-Erlebnispädagogik" (Antons et al. 2004, S. 356). Zwar ist das Design eines gruppendynamischen Trainings darauf ausgelegt, einen optimalen Lernraum zu organisieren, doch Erfahrungslernen kann nur bedingt den Regeln einer Methode unterworfen werden. Gerade das macht den besonderen Reiz aus. Als Anleitung zur Selbsterforschung in einer Gruppe entspricht Gruppendynamik auch nicht dem Vorgehen „ordentlicher" Wissenschaft, denn im Training können einem die Daten auch schon mal „um die Ohren fliegen". All das muss und will ausgehalten werden.

Die Fähigkeit, in schwierigen und belastenden Situationen nicht „aus dem Felde zu gehen" (Kurt Lewin), stellt daher ein grundlegendes Lernziel der Gruppendynamik dar. Relativiert wird dieses Lernziel durch die Respektierung der Autonomie jedes Einzelnen und damit auch seiner Entscheidung, sich einer Situation ganz bewusst nicht auszusetzen. Soziales Lernen war für Kurt Lewin darauf angewiesen, dass die Lernenden das Lernfeld nicht einfach verlassen, sobald an ihren Überzeugungen und damit verbundenen Widerständen gerüttelt wird. Dafür sorgen die Kohäsionskräfte der Gruppe, die damit nicht nur einen Lernraum schafft, sondern auch die persönliche Freiheit des Einzelnen eingrenzt. Es macht einen Unterschied, ob ich mich in einem Hörsaal in die letzte Reihe setzte und gehe, wenn ich mich langweile oder mit dem Geschehen nicht einverstanden bin, oder ob ich in der „Treibhausatmosphäre" einer T-Gruppe sitze und dem direkten Kontakt mit den anderen ausgesetzt bin, ob ich nun gerade will oder nicht.

Ein gruppendynamisches Training erfordert daher eine gewisse persönliche Belastbarkeit und schafft zugleich Möglichkeiten, diese Belastbarkeit zu fördern. Für jemanden, der stark von persönlichen Themen okkupiert ist oder sich in einer aktuellen psychischen Krise befindet, ist eine T-Gruppe eher kein produktiver Lernort. Manche dieser persönlichen Themen können wiederum gerade in einer T-Gruppe dem Betreffenden das erste Mal bewusst werden. Von Alf Däumling, dem Gründungsvater der deutschen Gruppendynamik, stammt daher die Charakterisierung der T-Gruppe als „Therapie für Normale".

Emotionale Belastbarkeit bedeutet, sich auf eigene und fremde Emotionen einlassen zu können und ihnen standzuhalten. Dabei geht es nicht darum, bei allem und immer die Fassung zu bewahren, sondern die Erfahrung zu machen, dass man selbst oder auch eine Gruppe als ganze in starke Emotionen ein- und abtauchen kann, aber eben auch wieder auftaucht. Das Durchstehen eines persönlichen oder gruppalen Konfliktes und eine damit eventuell verbundene Katharsis ermöglichen dem Einzelnen wie der Gruppe als ganzer echte Lernsprünge. Die T-Gruppe eröffnet die Erfahrungsmöglichkeit, dass auch heillos verstrickte und scheinbar ausweglose Situationen ausgehalten und überwunden werden können. Dabei geht es gar nicht immer darum, die zugrunde liegenden Konflikte zu „lösen". Manches bleibt einfach in seiner Unterschiedlichkeit bestehen, und man lernt, damit zu leben.

11. Gruppendynamische Anwendungsformate und -felder

In der Gruppendynamik haben sich über das gruppendynamische Training hinaus verschiedene Anwendungsfelder und Anwendungsformen entwickelt. Die gruppendynamischen Arbeitsprinzipien wurden dabei auf spezielle Arbeitsfelder zugeschnitten und den jeweiligen Zielsetzungen angepasst. Neben der individuellen Qualifizierung von Fach- und Führungskräften, die mit Gruppen arbeiten, wurden die gruppendynamischen Vorgehensweisen vor allem auf die Entwicklung und Steuerung von Gruppen, Teams und Organisationseinheiten ausgeweitet. Im Folgenden werden die wichtigsten Formate und Felder kurz beschrieben.

11.1 Gruppendynamische Fortbildungen

Fortbildungen in Gruppendynamik dienen dem Erwerb spezifischer Kenntnisse und Fertigkeiten zu Diagnose und Steuerung von Gruppenprozessen. Sie sind längerfristig angelegt und modular aufgebaut. Vier Lernebenen werden in gruppendynamischen Fortbildungen in der Regel miteinander verbunden:

- das Erleben und die Reflexion des Prozesses im Hier und Jetzt und Selbsterfahrung
- die Vermittlung kognitiver Konzepte, die die eigenen Gruppenerfahrungen strukturieren helfen
- die Auswertung und Beratung von Gruppenerfahrungen der TeilnehmerInnen in ihren jeweiligen Arbeitskontexten in Form von Gruppensupervision
- das Training von Design- und Interventionskompetenzen.

Solche Fortbildungen werden sowohl institutionsintern – als Fortbildungsreihen im Wirtschafts- und Non-Profit-Bereich – als auch von freien Bildungsträgern, Vereinen und Verbänden angeboten. Sie richten sich an Personen, die verantwortlich in und mit Grup-

11. Gruppendynamische Anwendungsformate und -felder

pen arbeiten, z. B. ErwachsenenbildnerInnen, BeraterInnen, LehrerInnen, SozialarbeiterInnen, MitarbeiterInnen in Kirchen und Wohlfahrtsverbänden, Führungskräfte, ProjektleiterInnen, in der Personalentwicklung und im Coaching Tätige oder TherapeutInnen. Die Gruppenprozesse in den längerfristigen, d. h. sich über den Zeitraum von eineinhalb bis zwei Jahren regelmäßig treffenden Fortbildungsgruppen sind der Hauptgegenstand des Erlebens und Lernens (vgl. Antons et al. 2004).

11.2 Themenspezifische Trainings

Bei der Mehrzahl der angebotenen gruppendynamischen Trainings handelt es sich um frei ausgeschriebene oder institutionsinterne Einzelveranstaltungen zu spezifischen Themen, die sich an eng umrissene Adressatengruppen (vor allem bei internen Seminaren) oder an breit gefächerte InteressentInnengruppen (öfter bei frei ausgeschriebenen Veranstaltungen) richten. Hierzu zählen Kommunikations- und Kooperationstrainings, Führungstrainings und Trainings zur Persönlichkeitsentwicklung, zur Gestaltung von Rückmeldeprozessen oder Meetings, zu Techniken der Projektarbeit, zu Konfliktlösung und Entscheidungsfindung in Gruppen usw. Die dabei vorkommenden Anwendungsformen reichen vom gruppendynamischen Laboratorium, z. B. Sensitivity-Trainings oder Organisationslaboratorien, bis hin zu stark strukturierten Veranstaltungen zur Verbesserung konkreter Kenntnisse und Fertigkeiten etwa bei der Handhabung firmeninterner Arbeitsabläufe, bei denen dem offenen Prozess nur wenig Platz eingeräumt wird.

11.3 Gruppensupervision und kollegiale Beratung

Die ursprünglich aus der Balint-Gruppen-Arbeit und der Sozialarbeit kommende Arbeitsweise der Gruppensupervision wurde von GruppendynamikerInnen als Lern- und Reflexionsform übernommen und mitentwickelt. In der Gruppensupervision analysiert die Gruppe soziale Situationen, die die Beteiligten zur Beratung in die Gruppe einbringen. Mithilfe der anderen in der Gruppe kann die notwendigerweise begrenzte Sichtweise des Falleinbringers erweitert, können blinde Flecken erkannt und neue Handlungsperspektiven entwickelt werden. Besonders produktiv ist dieses Verfahren, wenn eine Gruppe eine andere Gruppe untersucht und diagnostiziert. In der beratenden Gruppe spiegelt sich häufig ein Teil der verborgenen Themen wider, von denen die besprochene Gruppe geprägt ist. Das zeigt sich dann daran, dass die Mitglieder der Supervisionsgruppe oft ähnlich erleben und empfinden wie die an der Situation, die vorgestellt wird, Beteiligten. Es entspinnt sich eine Auseinandersetzung in der Beratungsgruppe, in der ihre Mitglieder, ohne es zunächst zu merken, Konflikte der Ursprungsgruppe übernehmen und fortführen. Diese so genannten Spiegelungsphänomene kann man zum Verstehen der Situation nutzen, um verdeckte, „unter der Wasseroberfläche verborgene" Dynamiken sichtbar zu machen.

Neben der Mitwirkung an der Beratung ist es die vornehmliche Aufgabe der TrainerInnen und BeraterInnen, für die Entfaltung und Erhaltung der Beratungsfähigkeit der Gruppe zu sorgen, in der z. B. Führungskräfte, Lehrende, SozialarbeiterInnen ihre Praxisfälle im Umgang mit MitarbeiterInnen, SchülerInnen, KollegInnen, Vorgesetzten eigenverantwortlich bearbeiten, und die Beteiligten in der kollegialen Beratung zu schulen. Gruppensupervisionen ebenso wie kollegiale Beratungen orientieren sich sinnvollerweise an einem bestimmten Ablaufschema der Beratung, damit das verbreitete Alltagsmuster unterbrochen wird, sofort nach der Beantwortung einer Frage oder der Lösung eines Problems zu suchen, ohne dass zuvor ein besseres Verständnis der Situation entwickelt worden wäre.

11.4 Teamsupervision, Teamentwicklung und Teamtraining

Die gruppendynamische *Teamsupervision* richtet sich an bestehende Teams und Arbeitsgruppen. In Form von Workshops oder fortlaufenden Beratungen wird versucht, über die Reflexion und Diagnose der eigenen Situation die Arbeitsfähigkeit des jeweiligen Teams zu entwickeln oder wiederherzustellen. Mithilfe eines „unbeteiligten Dritten" können vor allem die Themen bearbeitet werden, die die Teammitglieder vermeiden, weil sie in ihren Augen den

Frieden stören könnten, z. B. Fragen nach der inneren Hierarchie, der Machtverteilung, der Bewertung des Verhaltens und der Leistung der anderen etc. Aufgabe der TrainerInnen und BeraterInnen ist es, dabei zu helfen, diese Tabus besprechbar zu machen, da sie ansonsten für die Teams und die Einzelnen entwicklungshemmend wirken. Je mehr in selbst gesteuerten Teams gearbeitet wird, desto wichtiger wird diese Reflexions- und Steuerungshilfe von außen. Die Teamsupervision hat fließende Übergänge zum Teamtraining und zur Teamentwicklung, aber auch zur Organisationsberatung und -entwicklung.

Teamentwicklung im engeren Sinne betrifft stets eine reale Arbeitsgruppe mit ihren LeiterInnen und reicht von ersten Teambildungsmaßnahmen über Prozessbegleitung im Arbeitsalltag, Interventionen bei Krisen in der Zusammenarbeit und im Zusammenhalt bis hin zu Maßnahmen zur Umgestaltung oder Auflösung von Teams. Auch bei Teambildungs- und Teamentwicklungsmaßnahmen geht es um das Training von Kompetenzen der Teamleitung oder der Teammitglieder, doch anders als in der T-Gruppe geschieht dies unter den Bedingungen eines realen Teams.

Teambildungsworkshops dienen der Installation neuer Teams, deren Mitglieder bislang nicht zusammengearbeitet haben. Es geht um die Schaffung grundlegender Strukturen und Regeln des Informationsaustauschs und der Kooperation sowie um die gemeinsame Erarbeitung von operationalen Zielen. Dabei ist es von großer Bedeutung, ein erstmaliges Erlebnis von Gruppenidentität zu schaffen und zugleich den Konformitätsdruck und die damit verbundene Gefahr der Entdifferenzierung gering zu halten.

Teamentwicklungsmaßnahmen müssen als begleitende Interventionen in einem laufenden Gruppenprozess in bedarfsgerechten Intervallen angelegt sein. Sie dienen der kritischen Standortbestimmung des Teams, der Planung von Perspektiven, der Überprüfung vereinbarter Standards und Zielerreichungsstrategien sowie der Auffrischung und Wiederbelebung des Teamgeistes (vgl. Reddy 1999; Gellert u. Nowak 2007). Teams brauchen Zeit und Unterstützung dafür, ihre Arbeitsfähigkeit zu entwickeln und zu erhalten, als reines Rationalisierungsinstrument zur Einsparung von Führungsstellen taugen sie nicht.

Das *Teamtraining*, d. h. das Training zur Entwicklung von Teamkompetenz und Teamleitungskompetenz, ist ein Sonderfall themenspezifischer Trainings, bei denen der Fokus nicht auf Gruppe im Allgemeinen, sondern auf Team, also auf eine Arbeitsgruppe im beruflichen Kontext, gerichtet ist. Einerseits handelt es sich hierbei um ein genuin gruppendynamisches Themenfeld, da es um Gruppenmechanismen und um gruppenbezogene Fähigkeiten in der Organisation geht, andererseits ergeben sich Besonderheiten durch die externen Zielvorgaben, die Einbettung in einen organisatorischen Gesamtrahmen mit einem übergreifenden Regelwerk und vorgeprägter Kommunikations- und Konfliktkultur. Je nachdem, ob es sich um ein frei ausgeschriebenes Teamtraining für Personen aus unterschiedlichen Aufgabenfeldern (Training genereller Teamfähigkeit) oder um ein internes Training für real zusammenarbeitende Personen handelt (Training zur Verbesserung der realen Kooperation), verwischen sich die Grenzen zur Team- und Organisationsentwicklung. In Teamtrainings werden oft gruppendynamische Übungen eingesetzt (vgl. S. 74 f.), bei denen Probleme bearbeitet werden, die besser oder nur durch die Kooperation in der Gruppe bewältigt werden können. Dann muss z. B. bei einer Übung ein Team gemeinsame Entscheidungen treffen und einen Ausgleich zwischen widersprüchlichen Interessen finden.

11.5 Organisationsentwicklung und Organisationsberatung

Bereits in den 1970er-Jahren entwickelten sich Anwendungen der Gruppendynamik, die auf gezielte Veränderung von Organisationen, ihrer Kultur und ihrer Abläufe ausgerichtet waren. Die Nähe von Gruppendynamik und Organisationsentwicklung (OE) zeigt sich bereits daran, dass sich die – inzwischen wieder aufgelöste – *Gesellschaft für Organisationsentwicklung (GOE)* maßgeblich aus der *Sektion Gruppendynamik im DAGG* (vgl. Kap. 12) heraus entwickelte.

Streng genommen, kann bereits eine Teamentwicklung eine OE-Maßnahme sein, sofern von ihr geplante Wirkungen auf das Gesamtsystem ausgehen (sollen), dessen Teil das Team ist. Während auf der individuellen Ebene gruppendynamischen Einwirkens

11. Gruppendynamische Anwendungsformate und -felder

Ziele wie Autonomie, Selbstverwirklichung und Humanisierung der Arbeit verfolgt werden, können auf Organisationsebene die Anpassungs- und Innovationsfähigkeit sowie die Effektivität der Organisation selbst verbessert werden.

Im Gegensatz zum strukturalen Ansatz klassischer Unternehmensberatung zielt Gruppendynamik bei Organisationsentwicklungen und -beratungen auf einen (inter)personalen und prozessualen Ansatz, d. h. auf Veränderungen der „inneren" Situation von Organisationen. Interventionen können dabei auf der individuellen Ebene der Personen, ihrer Einstellungen, Kompetenzen und Werthaltungen ansetzen, auf der interpersonalen Ebene der Beziehungen und Verhaltensweisen von Personen innerhalb der Organisation und ihrer Subsysteme sowie auf der Institutions- und Intergruppenebene der Interaktionen solcher Subsysteme untereinander. Je nach Interventionsebene und Vorgehensweise wirken OE-Maßnahmen nach dem Prinzip der Ansteckung und Ausbreitung analog zu Infektionsherden in einem Organismus oder aber nach dem Top-down/Bottom-up-Prinzip strategisch ausgerichteter Veränderung. Gruppendynamisch orientierte Organisationsentwickler arbeiten folgerichtig eng mit firmeninternen Personal- und Organisationsentwicklern zusammen.

Gruppendynamisch orientierte OE-Maßnahmen können das gesamte Spektrum gruppendynamischer Anwendungsformen umfassen, von Einzeltrainings zur Verbesserung individueller Kompetenzen über Team- und Teamleitertrainings, Teamentwicklungsmaßnahmen, Abteilungsworkshops, Führungskonferenzen bis hin zu Organisationstrainings, bei denen die Gesamtorganisation oder Teilsysteme relevanter Interaktionspartner (das sind z. B. Partner in der Unternehmensmatrix, die Vertriebsorganisation etc.) quasi im verkleinerten Maßstab nachgebildet und in ihren Abläufen untersucht werden mit dem Ziel, Veränderungsimpulse zu generieren. Ihre Abrundung finden solche Anwendungen durch den systematischen Einbezug von Supervision und Coaching zur Ergänzung und Weiterführung gruppendynamischer Interventionen (vgl. Doppler et al. 2002).

11.6 Gruppenpsychotherapie

Die Entwicklung gruppentherapeutischer Verfahren ist eng mit der Gruppendynamik verknüpft. Jacob Moreno, ein Zeitgenosse von Kurt Lewin, der ebenso wie dieser in den 1930er-Jahren in die USA emigrierte, entwickelte dort die Soziometrie als eine Methode, die Dynamik von Gruppen zu erfassen, und das Psychodrama, das vom freien dramatischen Spiel Gebrauch macht. Im Kontext einer Gruppe und durch Nutzung ihrer dynamischen Kräfte können mithilfe der psychodramatischen Inszenierung verborgene Gefühle und Konflikte des einzelnen Protagonisten im Spiel sichtbar gemacht und neue Lösungsmöglichkeiten angeboten und ausprobiert werden. Vergleichbar dem Hier-und-Jetzt-Prinzip in der Gruppendynamik steht im Psychodrama die Förderung von Spontaneität und Kreativität des Einzelnen und der Gruppe als ganzer im Mittelpunkt.

Neben den Psychodramatikern haben sich ebenfalls schon früh Psychoanalytiker für die Arbeit mit und in Gruppen interessiert, so z. B. der aus Deutschland nach England emigrierte Sigmund H. Foulkes, Winfried Bion in England und Harry Stack Sullivan in den USA. Aus der Einsicht heraus, dass der Mensch ein fundamental soziales Wesen ist und nur aus seinen Beziehungen zu seiner Mitwelt verstanden werden kann, begannen sie, sozialpsychologische und gruppendynamische Konzepte für die Arbeit im klinischen Bereich zu nutzen. Auch die im Laufe der 1960er- und 1970er-Jahre in den USA entstehenden Methoden der humanistischen Psychologie, z. B. Gestalttherapie und Encounter-Gruppen, die sich als dritter Weg neben Psychoanalyse und Verhaltenstherapie verstanden, sahen Gruppe als das zentrale Medium für persönliche Veränderungsprozesse an. Die Grenze zwischen klinischer Gruppenpsychotherapie und außerklinischen Selbsterfahrungsgruppen ist hierbei durchaus fließend (Yalom 2005).

Aufgrund der Vielfalt der Beziehungen in einer Gruppe und der damit verbundenen Übertragungsmöglichkeiten wird die Gruppenpsychotherapie als „lebensnäher" eingeschätzt denn die Einzeltherapie, in der sich das Geschehen auf die Dyade Therapeut/Klient beschränkt. Im Unterschied zur Gruppendynamik hat es die

Gruppenpsychotherapie dabei aber mit Personen zu tun, die aufgrund ihrer psychischen Problemlagen nicht immer in vollem Umfang belastbar sind bzw. für die eine Form der Gruppenarbeit gefunden werden muss, die ihrer Belastbarkeit entspricht. Dies hat unterschiedliche Formen der Gruppenpsychotherapie entstehen lassen, die sich nach dem Ausmaß der Strukturierungs- und Orientierungshilfen unterscheiden lassen, die der Gruppentherapeut methodisch anbietet. Neben der Gruppenanalyse nach Foulkes hat sich in der Bundesrepublik vor allem das psychoanalytisch-interaktionelle Modell nach Annelise Heigl-Evers und Franz Heigl (Heigl-Evers, Heigl u. Ott 2002) durchgesetzt sowie in den neuen Bundesländern die intendierte dynamische Gruppenpsychotherapie. Vertreter all dieser Methoden sowie ihrer klinischen, sozialtherapeutischen und ambulanten Anwendungen sind in den verschiedenen Fachsektionen des *DAGG* organisiert. In Österreich ist aus der Kombination von Psychoanalyse, Gruppendynamik und Rangdynamik nach Raoul Schindler die dynamische Gruppenpsychotherapie entstanden (vgl. Majce-Egger 1999), die im *Österreichischen Arbeitskreis für Gruppenpsychotherapie und Gruppendynamik (ÖAGG)* in einer Fachsektion zusammen mit der Gruppendynamik organisiert ist.

11.7 Gruppenpädagogik

Gegenüber der traditionellen Pädagogik unterscheidet sich die Gruppenpädagogik sowohl in ihren Methoden wie in ihren Zielen. Sie löst sich von der Idee einer reinen Vermittlung von Sachinhalten, die in einer hierarchischen Lernstruktur von einem Lehrer an seine Schüler, die dabei als Individuen vereinzelt bleiben, weitergegeben und später abgefragt und bewertet werden. Stattdessen wird der Selbstorganisation in der Gruppe der Lernenden ein breiterer Raum gegeben, wodurch automatisch die Situation des Lernens selber in den Fokus kommt. Gruppenpädagogik ist daher immer auch Anleitung zum sozialen Lernen. Nicht nur wird die Eigenmotivation der Lernenden erhöht, wenn sie sich mit der Lernsituation stärker identifizieren können. Es können außerdem eine Fülle von Fächern und Sachverhalten lebensnäher vermittelt werden, da sie

11.7 Gruppenpädagogik

ihren rein theoretischen und äußerlichen Charakter für die Lernenden verlieren und stattdessen mit ihren Erfahrungswelten in Beziehung gesetzt werden.

Die Besonderheit der Beziehung der LehrerInnen und ErzieherInnen zu ihren SchülerInnen in der Gruppenpädagogik besteht darin, dass sie nicht Gehorsam und reproduktive Leistung fordern, sondern ihren Selbstbestimmungs- und Selbstwerdungsprozess unterstützen. Sie stellen sich dafür mit ihrer Autorität den Lernenden als Gegenüber zur Verfügung. Diese erfahren ihren eigenen Reifungsprozess aber nicht nur in der Beziehung zu Erwachsenen oder LehrerInnen, sondern auch in der Auseinandersetzung mit anderen Lernenden und der Gruppe als ganzer. Eine solche gruppenpädagogische Vorgehensweise ist voraussetzungsvoll. Sie erfordert neben grundlegendem Wissen über entwicklungspsychologische und gruppendynamische Prozesse und ihre Steuerbarkeit auch Einsichten in die institutionelle Einbindung pädagogischer Prozesse, z. B. in den Organisationskontext von Schule oder von sozialpädagogischen Institutionen.

Ihre Blütezeit im Schulwesen hatte die Gruppendynamik vor allem in der Lehrerfortbildung während der reformorientierten Phase im Bildungssystem der 1960er- und 1970er-Jahre. Heute beginnen gruppendynamische Konzepte sich dort wieder neu zu etablieren, diesmal weniger in der Aus- und Fortbildung als in der Form von Beratung und Supervision von Lehrern, Kollegien und Schulen. Einen festen Platz haben Gruppendynamik und gruppendynamisch fundierte gruppenpädagogische Verfahren in vielen Feldern der Sozialpädagogik, und zwar sowohl in der Arbeit mit den verschiedenen Klientensystemen als auch in der Ausbildung von SozialarbeiterInnen und SozialpädagogInnen bzw. bei ihrer späteren Weiterbildung.

12. Fachverbände, Ausbildungen, Adressen

Mit der stürmischen Entwicklung der Gruppenmethoden in Psychotherapie, Pädagogik und Erwachsenenbildung wurde 1967 der *Deutsche Arbeitskreis für Gruppenpsychotherapie und Gruppendynamik (DAGG)* gegründet. Dem Verein gehören heute über 1000 Mitglieder (Ärzte und Ärztinnen, PsychologInnen, SoziologInnen, PsychotherapeutInnen, SozialtherapeutInnen, SozialarbeiterInnen, TheologInnen, WirtschaftswissenschaftlerInnen u. a.) an, die sich in sechs Fachsektionen aufgliedern: Analytische Gruppentherapie, Gruppendynamik, Gruppenmethoden in Klinik und Praxis, Psychodrama, Sozialtherapie, Intendierte dynamische Gruppenpsychotherapie.

Schon einige Jahre vor dem *DAGG* war der *Österreichische Arbeitskreis für Gruppenpsychotherapie und Gruppendynamik (ÖAGG)* gegründet worden. Ein weiterer Verband ist die *Österreichische Gesellschaft für Gruppendynamik und Organisationsberatung (ÖGGO)*. Ein entsprechender Schweizer Verband *(SGGD)* konnte sich nicht halten, viele seiner ehemaligen Mitglieder sind heute den deutschen oder österreichischen Verbänden angeschlossen.

Als zweite Sektion des *DAGG* wurde 1968 auf Initiative von Alf Däumling, einem der Begründer der angewandten Gruppendynamik in der Bundesrepublik, die *Sektion Gruppendynamik* gegründet. Viele ihrer Mitglieder sind zwar auch TherapeutInnen, doch die Arbeit der Sektion zielt auf außerklinische und nichttherapeutische Felder. Das hier beschriebene Verständnis und die Praxis von Gruppendynamik haben wir weitgehend auf der Basis unserer Ausbildung zum Trainer für Gruppendynamik, im Rahmen der kollegialen Kooperation und der fachlichen Diskussion sowie unserer Ausbildungstätigkeit in der *Sektion Gruppendynamik* entwickelt.

Neben zahlreichen Einzelangeboten für verschiedene Zielgruppen wird von den Sektionsmitgliedern nach den Rahmenrichtlinien der Sektion eine berufsbegleitende Fortbildung in der Leitung von

11. Fachverbände, Ausbildungen, Adressen

Gruppen angeboten, die von der Sektion zertifiziert wird. Die Fortbildung hat das Ziel, innerhalb des jeweils eigenen beruflichen Feldes professionell mit Gruppen arbeiten zu können. Darüber hinaus wird von der Sektion selbst eine Ausbildung zum Trainer bzw. zur Trainerin für Gruppendynamik angeboten mit dem Ziel, eigenverantwortlich gruppendynamische Trainings durchführen zu können.

Detaillierte Informationen über die Sektion, ihre Aktivitäten und Ausbildungsangebote (vgl. auch König 2006, S. 328–341) findet man im Internet auf der Homepage der Sektion: www.gruppendynamik-dagg.de. Dort können der jährliche Veranstaltungskalender der Sektion, eine Literaturliste sowie diverse Aufsätze von Sektionsmitgliedern heruntergeladen werden, z. B. Christen et al. (o. J.).

Informationen zum *DAGG* und zur *Sektion Gruppendynamik* sowie die Adressen der zuständigen TrainerInnen in Leitung und Ausbildungsausschuss können auch bezogen werden über die DAGG-Geschäftsstelle, Landaustr. 18, D-34121 Kassel, Tel. 0049 (0)561-28 45 67, Fax. (0)561-28 44 18, E-Mail: geschaeftsstelle@dagg.de, Homepage: www.dagg.de.

Informationen zur *Fachsektion Gruppendynamik und Dynamische Gruppentherapie im Österreichischen Arbeitskreis für Gruppentherapie und Gruppendynamik (ÖAGG)* können bezogen werden über: ÖAGG-Sekretariat, Lenaugasse 3, A-1080 Wien, Tel. 0043 (0)1-405 39 93, Fax. (0)1-405 39 93-20. E-Mail: general sekretariat@oeagg.at, Homepage: www.oeagg.at.

Informationen über die *Österreichische Gesellschaft für Gruppendynamik und Organisationsentwicklung (ÖGGO)* können bezogen werden über: ÖGGO-Sekretariat, Postfach 40, A-1025 Wien, Tel. 0043 (0)463-2700-2103, Fax. (0)463-2700-2199, E-Mail: office@oeggo.at, Homepage: www.oeggo.at.

Literatur

Die Literaturliste umfasst neben den im Text zitierten Titeln weitere Publikationen, die wir für lesenswert halten und die weiterführende Literatur erschließen helfen. Angegeben ist jeweils die letzte Auflage eines Buches. Eine ausführliche Literaturliste zur Gruppendynamik findet sich auf der Homepage der *Sektion Gruppendynamik:* www.gruppendynamikdagg.de.

Amann, A. (2003): Vergemeinschaftungsmuster. Zugehörigkeit und Individualisierung im gruppendynamischen Raum. In: Der gruppendynamische Raum. Themenheft der Zeitschrift *Gruppenpsychotherapie und Gruppendynamik* 39 (3): 201–219.
Antons, K. (2000): Praxis der Gruppendynamik. Übungen und Techniken. Göttingen (Hogrefe), 8. Aufl.
Antons, K., A. Amann, G. Clausen, O. König u. K. Schattenhofer (2004): Gruppenprozesse verstehen. Gruppendynamische Forschung und Praxis. Wiesbaden (VS – Verlag für Sozialwissenschaften), 2. Aufl.
Ardelt-Gattinger, E., H. Lechner u. W. Schlögl (Hrsg.) (1998): Gruppendynamik – Anspruch und Wirklichkeit der Arbeit in Gruppen. Göttingen (Verlag für angewandte Psychologie).
Bachmann, C. H. (Hrsg.) (1981): Kritik der Gruppendynamik. Grenzen und Möglichkeiten sozialen Lernens. Frankfurt a. M. (Suhrkamp).
Bennis, W. (1972): Entwicklungsmuster der T-Gruppe. In: L. P. Bradford, J. R. Gibb u. K. D. Benne (Hrsg.) (1972): T-Gruppentheorie und Laboratoriumsmethode. Stuttgart (Klett-Cotta).
Bion, W. R. (2001): Erfahrungen in Gruppen und andere Schriften. Stuttgart (Klett-Cotta), 3. Aufl.
Bradford, L. P., J. R. Gibb u. K. D. Benne (Hrsg.) (1972): T-Gruppentheorie und Laboratoriumsmethode. Stuttgart (Klett-Cotta).
Christen, J., O. König u. K. Schattenhofer (o. J.): Angewandte Gruppendynamik in Deutschland. [Internet] Verfügbar unter: http://www.gruppendynamik-dagg.de/4___Art/4001_AngGD/Selbstdarstellung.PDF [19.12.2005].
Däumling, A., J. Fengler, L. Nellessen u. A. Svensson (1974): Angewandte Gruppendynamik Stuttgart (Klett-Cotta).
Doppler, K., H. Fuhrmann, B. Lebbe-Waschke u. B Voigt (2002): Unternehmenswandel gegen Widerstände. Change Management mit den Menschen. Frankfurt a. M. (Campus).
Edding, C. u. W. Kraus (Hrsg.) (2006): Ist der Gruppe noch zu helfen? Gruppendynamik und Individualisierung. Opladen (Budrich).
Fengler, J. (2006): Indikation und Kontraindikation für den Einsatz von gruppendynamischen Übungen. In: O. König (Hrsg.) (2006): Gruppendynamik.

Literatur

Geschichte, Theorien, Methoden, Anwendungen, Ausbildung. München (Profil), 5. Aufl., S. 247–262.
Fengler, J. (2004): Feedback geben. Strategien und Übungen. München (Beltz), 3. Aufl.
French, W. L. u. C. H. Bell (1994): Organisationsentwicklung: sozialwissenschaftliche Strategien zur Organisationsveränderung. Bern (Haupt), 4. Aufl.
Geissler, K. u. M. Hege (2001): Konzepte sozialpädagogischen Handelns. Ein Leitfaden für soziale Berufe. Weinheim (Beltz), 10. Aufl.
Gellert, M. u. K. Nowak (2007): Teamarbeit – Teamentwicklung – Teamberatung. Ein Praxisbuch für die Arbeit in und mit Teams. Meezen (Limmer), 2. Aufl.
Goffman, E. (2006): Wir alle spielen Theater. Die Selbstdarstellung im Alltag. München (Piper), 4. Aufl.
Heigl-Evers, A., F. Heigl u. J. Ott (2002): Die psychoanalytisch-interaktionelle Methode. Theorie und Praxis. Göttingen (Vandenhoeck & Ruprecht), 4. Aufl.
Heintel, P. (2006): betrifft: TEAM. Dynamische Prozesse in Gruppen. Wiesbaden (VS – Verlag für Sozialwissenschaften).
König, O. (2004): Familienwelten. Theorie und Praxis von Familienaufstellungen. Stuttgart (Pfeiffer bei Klett-Cotta).
König, O. (Hrsg.) (2006): Gruppendynamik. Geschichte, Theorien, Methoden, Anwendungen, Ausbildung. München (Profil), 5. Aufl.
König, O. (2007a): Macht in Gruppen. Gruppendynamische Prozesse und Interventionen. Stuttgart (Klett-Cotta), 4. Aufl.
König, O. (2007b): Gruppendynamik und die Professionalisierung psychosozialer Berufe. Heidelberg (Carl Auer).
Kreeger, L. (Hrsg.) (1977): Die Großgruppe. Stuttgart (Klett-Cotta).
Langmaack, B. u. M. Braune-Krickau (2000): Wie die Gruppe laufen lernt. Anregungen zum Planen und Leiten von Gruppen. Weinheim (Beltz), 7. Aufl.
Lewin, K. (1975): Die Lösung sozialer Konflikte. Ausgewählte Abhandlungen zur Gruppendynamik. Bad Nauheim (Christian), 4. Aufl.
Lewin, K. (1982): Feldtheorie in den Sozialwissenschaften. In: Kurt-Lewin-Werkausgabe, Bd. 4. Bern (Huber).
Lindner, T. (Hrsg) (1990): Gruppendynamik und systemtheoretische Reflexion. *Gruppendynamik. Zeitschrift für angewandte Sozialpsychologie* 21 (1): S. 3–94.
Luft, J. (1993): Einführung in die Gruppendynamik. Stuttgart (Fischer), 8. Aufl.
Majce-Egger, M. (Hrsg.) (1999): Gruppentherapie und Gruppendynamik – Dynamische Gruppenpsychotherapie. Theoretische Grundlagen, Entwicklungen und Methoden. Wien (Facultas).
Miles, M. B. (1981): Learning to work in groups. New York (Teachers College Press), 2nd. ed.
Mills, T. M. (1974): Soziologie der Gruppen. München (Juventa).
Neidthard, F. (Hrsg.) (1983): Themen und Thesen zur Gruppensoziologie. In: Gruppensoziologie. Perspektiven und Materialien. *Kölner Zeitschrift für Soziologie und Sozialpsychologie* (Sonderheft 25): 12–34.

Literatur

Oberhoff, B. (2006): Übertragung und Gegenübertragung in der Supervision. Theorie und Praxis. Münster (Daedalus), 5. Aufl.
Rechtien, W. (1996): Angewandte Gruppendynamik. Weinheim (Beltz), 3. Aufl.
Reddy, W. B. (1999): Prozessberatung von Kleingruppen. Leonberg (Rosenberger Fachverlag), 2. Aufl.
Sader, M. (2002): Psychologie der Gruppe. Weinheim (Juventa), 8. Aufl.
Schäfers, B. (Hrsg.) (1999): Einführung in die Gruppensoziologie. Wiesbaden (Quelle und Meyer), 3. Aufl.
Schattenhofer, K. (1992): Selbstorganisation und Gruppe, Entwicklungs- und Steuerungsprozesse in Gruppen. Opladen (Westdeutscher Verlag).
Schattenhofer, K. (2006): Was ist eine Gruppe? Gruppenmodelle aus konstruktivistischer Sicht. In: O. König (Hrsg.) (2006): Gruppendynamik. Geschichte, Theorien, Methoden, Anwendungen, Ausbildung. München (Profil), 5. Aufl., S. 129–157.
Schattenhofer, K. u. W. Weigand (Hrsg.) (1998): Die Dynamik der Selbststeuerung – Beiträge zur angewandten Gruppendynamik. Opladen (Westdeutscher Verlag).
Schindler, R. (1971): Die Soziodynamik der therapeutischen Gruppe. In: A. Heigl-Evers (Hrsg.): Psychoanalyse und Gruppe. Göttingen (Vandenhoeck & Ruprecht), S. 21–32.
Schmidbauer, W. (1992): Wie Gruppen uns verändern. Selbsterfahrung, Therapie und Supervision. München (Kösel), 2. Aufl.
Schneider, H.-D. (1985): Kleingruppenforschung. Stuttgart (Teubner), 2. Aufl.
Schwarz, G., P. Heintel, M. Weyrer u. H. Stattler (Hrsg.) (1996): Gruppendynamik. Geschichte und Zukunft. Wien (WUV-Universitätsverlag), 2. Aufl.
Tuckmann, B.W. (1965): Developmental sequence in small groups. Psychological Bulletin 63: 384–399.
Velmerig, C. O., K. Schattenhofer u. C. Schrapper (Hrsg.) (2004): Teamarbeit. Konzepte und Erfahrungen – Eine gruppendynamische Zwischenbilanz. Weinheim/München (Juventa), 2. Aufl.
Voigt, B. u. K. Antons (2006): Systematische Anmerkungen zur Intervention in Gruppen. In: O. König (Hrsg.) (2006): Gruppendynamik. Geschichte, Theorien, Methoden, Anwendungen, Ausbildung. München (Profil), 5. Aufl., S. 224–246.
Wimmer, R. (1996): Erlebt die Gruppendynamik eine Renaissance? Eine systemtheoretische Reflexion gruppendynamischer Arbeit am Beispiel der Trainingsgruppe. In: G. Schwarz et al. (Hrsg) (1996): Gruppendynamik. Geschichte und Zukunft. Wien (WUV-Universitätsverlag), 2. Aufl., S. 111–139.
Yalom, I. D. (2005): Theorie und Praxis der Gruppenpsychotherapie. Ein Lehrbuch. Stuttgart (Pfeiffer bei Klett-Cotta), 8. Aufl.

Literatur

Deutschsprachige Zeitschriften

Gruppendynamik und Organisationsberatung. Zeitschrift für angewandte Sozialpsychologie. Wiesbaden (VS – Verlag für Sozialwissenschaften). Erscheinungsweise: viermal jährlich. Homepage: www.gruppendynamik.de.

Gruppenpsychotherapie und Gruppendynamik. Beiträge zur Sozialpsychologie und therapeutischen Praxis. Göttingen (Vandenhoeck & Ruprecht). Erscheinungsweise: viermal jährlich. Homepage: www.v-r.de/zeitschriften/500011/.

Über die Autoren

Oliver König, Dr. phil. habil., Jg. 1951. Studium der Pädagogik, Soziologie und Psychologie an den Universitäten Köln und Ann Arbor, Michigan (USA): Promotion (Frankfurt a. M.) und Habilitation (Kassel) in Soziologie. Trainer für Gruppendynamik im *Deutschen Arbeitskreis für Gruppenpsychotherapie und Gruppendynamik (DAGG)*, Supervisor *(DGSv – Deutsche Gesellschaft für Supervision)*, Heilpraktiker (Psychotherapie), Privatdozent am *Fachbereich Sozialwesen* der *Universität Kassel*. Tätigkeit in eigener Praxis als Trainer und Supervisor im Non-Profit- und Profit-Bereich, in Psychotherapie und Beratung sowie in der Lehre. Langjähriger Leiter der *Sektion Gruppendynamik* im *DAGG*. Mitherausgeber der Zeitschrift *Gruppenpsychotherapie und Gruppendynamik*. Mitglied im Editorial Board der Zeitschrift *Familiendynamik*.
E-Mail: okoenig@netcologne.de.
www.oliverkoenig-homepage.de

Über die Autoren

Karl Schattenhofer, Dr. phil., Dipl.-Psych., Jg. 1954. Studium der Psychologie, Pädagogik und Soziologie in München und Würzburg, Promotion in München. Trainer für Gruppendynamik im *Deutschen Arbeitskreis für Gruppenpsychotherapie und Gruppendynamik (DAGG)*, Supervisor *(DGSv – Deutsche Gesellschaft für Supervision)* und Lehrsupervisor, psychologischer Psychotherapeut. Beratende und leitende Tätigkeiten in der außerschulischen Bildungsarbeit und der sozialen Arbeit, Personal- und Führungskräfteentwicklung in der *Sozialverwaltung* der Landeshauptstadt München. Langjähriger Leiter der *Sektion Gruppendynamik* im *DAGG*. Trainer und Berater in freier Praxis für Profit- und Non-Profit-Organisationen, Lehraufträge an Hochschulen, Leiter von *TOPS München-Berlin e.V.*, einem Zusammenschluss von gruppendynamischen Trainerinnen und Trainern, die gemeinsam gruppendynamische Fortbildungen anbieten und Supervisoren und Supervisorinnen ausbilden. *E-Mail: k.schattenhofer@tops-ev.de.*

Aktuelle Informationen zu gruppendynamischen Trainings und Fortbildungen: www.tops-ev.de.

Oliver König
Gruppendynamik und die Professionalisierung psychosozialer Berufe

192 Seiten, Gb, 2007
ISBN 978-3-89670-579-2

Die Gruppendynamik hat die Entwicklung und Professionalisierung von Psychotherapie, Erwachsenenbildung, Supervision und Beratung maßgeblich beeinflusst. Heute finden sich gruppendynamische Arbeitsansätze in der Aus- und Weiterbildung, in der Sozialarbeit, in Therapie und Supervision ebenso wie in der Personalentwicklung, im Training von Führungskräften und der Organisationsentwicklung.

Oliver König befasst sich ausführlich mit der Entwicklung der Gruppendynamik und der von ihr beeinflussten psychosozialen Berufe. Dabei werden zentrale Begriffe der Gruppendynamik kapitelweise beleuchtet: Autorität, Macht und Angst, Gruppenzwang und Individualität, Differenzierung und Integration etc.

Im Mittelpunkt der Betrachtungen stehen die Wechselwirkungen zu benachbarten Disziplinen und Methoden.

„Wer in und mit sozialen Systemen arbeitet, ist stets damit konfrontiert, dass er Teilnehmer an der Kommunikation ist und damit Verantwortung für das Geschehen hat, aber es nicht einseitig kontrollieren kann. Mit dieser und anderen Paradoxien umzugehen lehrt die Gruppendynamik. Und dieses Buch ist ein guter Leitfaden dafür." Fritz B. Simon

Carl-Auer Verlag

Ben Furman | Tapani Ahola

Twin Star – Lösungen vom anderen Stern

Teamentwicklung für mehr Erfolg
und Zufriedenheit am Arbeitsplatz

*141 Seiten, 12 Abb., Gb,
2. Aufl. 2007
ISBN 978-3-89670-589-1*

Wo Konflikte, Stress und Erschöpfung den Arbeitsalltag in einem Unternehmen bestimmen, bleibt der Erfolg bald aus. Von einem guten Arbeitsklima dagegen profitieren beide Seiten: der Arbeitnehmer und „sein" Unternehmen. Doch wie schafft man es, auch in konfliktträchtigen Situationen klug, diplomatisch und lösungsorientiert zu handeln?

Der Schlüssel zum Erfolg liegt im Umgang der Menschen miteinander. Ben Furman und Tapani Ahola haben mit Reteaming ein international erfolgreiches und effizientes Konzept zur Lösung von Problemen am Arbeitsplatz entwickelt, das sich für Firmen und Organisationen aller Art eignet. Es fördert den Teamgeist, löst Probleme in der Zusammenarbeit und unterstützt Teams darin, gemeinsame Ziele zu entwickeln und zu erreichen.

www.carl-auer.de

Wilhelm Geisbauer (Hrsg.)

Reteaming

Methodenhandbuch zur
lösungsorientierten Beratung

172 Seiten, 23 Abb., Gb
2., überarb. u. erw. Aufl. 2006
ISBN 978-3-89670-564-8

„Reteaming" ist eine neue Beratungsform, die Teams, aber auch Einzelnen hilft, Probleme konstruktiv zu lösen und Ziele auf effizientem Weg zu erreichen. Die Autoren stellen ein Set lösungsorientierter Tools zur Organisationsentwicklung bereit – alles unter dem Motto: „Keiner ist für das Problem, jeder aber für die Lösung verantwortlich." Das Buch wird so zum prall gefüllten Handwerkskoffer für jeden, der mit oder in Teams arbeitet.

Mit Beiträgen von: Ernst Aumüller • Markus Gappmaier • Gerhard Hochreiter • Harry Merl • Angelika Mittelmann • Thomas Pollmann • Peter Wagner.

„Einfach zu erlernen, schnell anzuwenden und effektiv. Nach einem Reteaming-Prozess hat man nicht nur einen Plan, wie und wo es weitergehen soll, sondern auch ein hoch motiviertes Team."

Gerhard Pock
Greenpeace Zentral- und Ost-Europa

Carl-Auer Verlag